2015
—
雷丁

Reading
in
Reading

和你一起邂逅雷丁

学生事务管理的行与思

朱姝 / 著

華東理工大學出版社
EAST CHINA UNIVERSITY OF SCIENCE AND TECHNOLOGY PRESS
·上海·

图书在版编目(CIP)数据
和你一起邂逅雷丁——学生事务管理的行与思 / 朱姝著.
—上海：华东理工大学出版社，2016.11
ISBN 978-7-5628-4840-0
Ⅰ.①和… Ⅱ.①朱… Ⅲ.①高等学校-学生工作-研究-美国 Ⅳ.①G645.5
中国版本图书馆CIP数据核字(2016)第263444号

本书是作者在专题学习英国高校学生事务管理理论，实地考察英国知名高校、身临其境观摩英国高校校园生活的过程中产生的自己的思考，涉及英国高等教育基本情况、英国高校心理咨询、校园网络管理，以及英国当地的风土人情、人文习俗等。

策划编辑 / 刘 军
责任编辑 / 刘 军
装帧设计 / 肖祥德
出版发行 / 华东理工大学出版社有限公司
地址：上海市梅陇路130号，200237
电话：021-64250306
网址：www.ecustpress.cn
邮箱：zongbianban@ecustpress.cn
印 刷 / 上海中华商务联合印刷有限公司
开 本 / 787mm × 1092mm 1/16
印 张 / 9.5
字 数 / 155千字
版 次 / 2016年11月第1版
印 次 / 2016年11月第1次
定 价 / 56.00元

谢谢爸爸

爸爸就是那个对我外表沉默嘴上严厉心里却早已疼得无以复加的人；

爸爸就是那个对我的殷勤假装不屑却偷偷撇过脸嘴角上扬的人；

爸爸就是那个被我挽着胳膊昂首挺胸得意非凡地走在大街上的人。

爸爸是我生命中的第一位良师，永远在我身边默默关注我的成长；

爸爸的心很大，为我撑开一个广阔的天空带我看世界；

爸爸的心很小，只装得下我一个人时刻关心着我的喜怒哀乐。

我愿岁月长留，与您相守；

我必尽我全力，不负您愿，成为您的骄傲。

爸爸，我长大啦！

谢谢爸爸，一路有您，真的很幸福！

序一

2015 年 4 月，学校收到了教育部关于 2015 年高校学生工作骨干出国研修项目留学人员推荐函。经讨论，决定推荐商学院朱姝老师参加此次雷丁大学的研修项目。这是华东理工大学第三次派人参加该项目。

同年 9 月，朱老师来向我辞行，问及安排，她笑说已经准备好了。后来知道，从接到通知开始，朱老师就开始了解英国的人文历史，结合自己的研究方向，搜集了大量关于英国高等教育的资料，并为自己拟订了详细的研究计划。

在之后的三个月里，陆陆续续收到了来自快克 13 班的简报，也知道了朱老师在雷丁的学习、生活情况。

记得 10 月的时候，在商之潮公众微信号上看到了“Reading in Reading”的专栏，每周两篇，涉及的都是雷丁大学的学生事务管理以及英国的人文历史。感觉应该是朱老师的原创。果然，等到 12 月回国，朱老师递给我一本精美的文册，里面摘录了她在英国研修期间利用课余时间撰写的心得、随笔十余篇，还有精美的配图。我当时就希望能够正式出版。朱老师请我为这本随笔写序，我欣然同意。

在雷丁学习的经历，使得朱老师能够近距离地了解英国高校学生事务管理的理念、政策、操作与趋势，更为宝贵的是，她能够沉下心来对中英两国高校的管理特点与实际进行比较与思考。在这本随笔集里，朱老师以其轻松、婉约的笔触向我们介绍了她紧张、有序的雷丁生活。

关于历史和人文。《溯源雷丁》详尽描述了这座具有 1 500 年历史的小镇，沧海桑田，读来不免唏嘘。《布伦海姆宫》几乎就是丘吉尔一生的轨迹写照。无论是《英国水乡》里那个随之起舞的中国女生，还是《桑宁下午茶》中慵懒如猫的女人，抑或是《邂逅之城》里或兴奋或怀旧或怅然或流连的游者，朱老师用细腻的文字描写了英国小镇的别样风情。

关于大学。开篇《雷丁的楼》用简单却细腻的文字向大家介绍了雷丁大学的概貌，读来犹如游走于美丽的白骑士校园，那一栋栋小楼犹在眼前。《刷夜雷丁》在满足朱老师多年愿望的同时，向读者展现了雷丁大学图书馆的结构、陈设以及为学生提供的良好氛围。《牛津导学》《牛津精神》《剑河的桥》三篇，则是从不同的角度对牛津与剑桥这两所历史名校进行了解读，前者是精益求精、自由开放，后者则是严谨学术之下的大美与宽和。

关于学生事务。《雷丁学联》为我们讲述了一个不同于国内高校的学生组织。《你来不来》的详细数据可以为有心留学雷丁的同学提供一份温馨贴士。《心理咨询在雷丁》则介绍了雷丁大学享有盛誉的心理辅导工作。

还有叙述习总书记访英的《黄金一瞥》，读来令人热血沸腾；有入木三分刻画自己从初到异乡的惶恐不安到逐渐适应日渐从容的《雷丁的雨》；《You Raise Me Up》是朱老师在自己生日的时候所写，她以女性特有的敏感、细致，从女儿、学生、妻子、同事、老师、母亲的角色视角抒发了对所有亲人的感激与感恩，让人不由沉醉于其温婉而有力的文字里。

这本随笔集涵盖了研修项目中的大多数内容，从学联故事到招生程序，从教学保障到学术质量，从心理咨询到压力管理，从学生服务到朋辈指导，从个人导师到实习就业，从雷丁历史到名校考察……从这些文字里，我们能够感受到三个月的研修生活对朱老师的影响。正如她所说：“世界的眼光我们已经开启，中国的情怀我们始终拥有，站在当下的时代背景下，我们有理由相信，今天在座的 80 位同仁，包括我们 80 人所代表的学校，乃至全国全体思想政治工作队伍的每一位成员，都会潜心默识，笃力躬行，时常保持一种思考，‘用世界眼光去研究、把握当前思想政治教育工作的新形势、新任务、新特点、新规律’，创造有效融合我国高等教育特点与要求的、本土化的工作机制及模式。”

很高兴能够为朱老师的随笔集作序。

华东理工大学党委副书记 宋来

2016 年 4 月 15 日

序二

华东理工大学的朱姝老师请我为她研修英国的随笔集作序。这些随笔是她在英国雷丁大学参加教育部高校学生事务管理研修班期间的见闻和切身感受，内容涉及英国高校学生事务、英国历史、留学生活、风土人情等。朱姝结合课程研修和个人拓展，对英国高校学生事务的诸多方面进行了较为详尽的介绍，包括牛津大学的导师制、牛津精神、雷丁大学的心理咨询和学生会工作等。她在其中引用了不少统计数字，就连许多英国人对这些也不甚了解。此外，朱姝还阐述了英国高等教育的现状、特色以及未来的发展方向，结合国内的情况，提出了自己的独特见解。尽管中英两国国情不同，但希望这些体悟对国内高校同行会有所启迪。他山之石，可以攻玉！谈到英国高校，难免要提到世界著名学府牛津和剑桥。虽然牛津建校历史早于剑桥，但作者为什么对剑桥情有独钟，对剑河上的桥的描述也不吝笔墨？读者通过细细品读，相信不难找到答案。

朱姝对研修生活有不少有趣的体验，颇有意味。《You Raise Me Up》一文洋溢着浓浓的亲情、师生情、同学情。身处异国他乡，这些情愫愈显浓厚。她这样描述第一天从雷丁市内乘车回家雨中的迷失和慌恐："害怕、委屈、紧张、无措、孤独。"很多留英学子都有过类似经历，回忆起来不仅仅是泪，也是留学生活的趣闻轶事。初到异国他乡的失落与迷茫，随着对周边环境的熟悉，很快就被美好的记忆所代替，读者在她的引导下会悠然欣赏雷丁大学不同历史背景的楼房、学习氛围浓厚的图书馆和主校园宁静浪漫的白衣骑士湖，以及穿过湖中的静谧小道。更有雷丁城外沿泰晤士河畔的漫步和河边桑宁小镇品味英国正宗下午茶的优雅淑女。可以看出，她对学习生活了三个月的雷丁悄然多了一份柔情、一份眷恋，包括这里的一草一木、同学们以及当地的寄宿家庭，尽管他们与当地人相处感受到了一些文化差异和冲突。

朱姝还详细记录了她和同学们利用周末参观游览历史文化名胜的情景。尤其是她对游历布伦海姆宫的描述，观察细致入微，让人如临其境，而其中的一些历史资料相信对从事历史研究的学生、学者也有一定的参考价值。也许是因为来自江南水乡，朱姝到英格兰克茨沃兹(Cotswolds)水上波顿(Bourton-on–the–water)似有宾至如归的感觉，居然发挥其舞蹈特长，加入莫里斯舞蹈队，一起翩翩起舞，一时成为莫里斯舞蹈队来自东方的荣誉舞蹈队员。值得一提的是，朱姝在留英期间，适逢习主席应英女王伊丽莎白二世的邀请对英国进行国事访问，她将自己和同学披星戴月赴伦敦欢迎习主席的壮观场面，以及近距离看到习主席从眼前经过的刹那称之为“黄金一瞥”。正是这一瞥开启了中英合作共赢的黄金时代！朱姝同学功不可没！

朱姝同学文字功底深厚，观察细致独到，她对英伦各地风情的描述妙笔生花，引人入胜。在她的笔下，英伦风情如诗如画。通篇佳作语言活泼，接地气，相信她的小伙伴们也会有同感！

也许是因为读了朱姝老师优美的文字得到了启发，不禁写下以下话语：

江南才女，文采飞扬，文如其人，优雅大方，英伦随笔，精美华章！

很高兴能成为朱姝老师随笔的首位读者，在此我要把她以独特的视角对英伦所作的精彩描绘和她的国际视野、中国情怀推荐给各位读者。

英国雷丁大学国际教育与语言学院

(International Study and Language Institute, University of Reading)

中国项目主任　李大国博士

2016 年 3 月

Reading in Reading

目录

雷丁的楼

雷丁大学（University of Reading，UoR）是英国1994大学集团前成员，曾于1998、2005、2009、2011年先后四次获得英国女王周年奖。雷丁大学地处气候温暖的英格兰东南部伯克郡（Berkshire）首府雷丁市（Reading），位于泰晤士河谷心脏地带的雷丁市区边缘，距市中心3公里，距离伦敦郊外40英里。主校园面积约300公顷。校园内主建筑错落有致，分布在天然湖畔、公园旁边，抑或是紧挨茂密的树林、植物园，处处湖光水色，景色宜人，加上大片大片围绕的开阔绿地，难怪被认为是英国传统的优秀大学之一。

初到雷丁，短短一个上午的Campus Tour让我们惊叹万分，感觉就像徜徉在一个开放的湿地公园。

我们从HumSS Building出发。这是人文和社会科学学院，是一栋大型的综合楼，有7个出入口，国际交流学院、历史系、哲学系等都在楼内。大楼西侧的墙壁上镶嵌着雷丁的校徽：十字架、玫瑰和贝壳。雷丁大学始建于1892年，作为牛津大学的Extension College of Christ Church而创立，于1926年得到皇家授权，所以校徽的中间是带有宗教色彩的十字架和代表皇权的粉红色的英伦玫瑰。至于3只贝壳，一种说法是Reading abbey捐赠，而我更倾向于另一种说法：1904年Palmer家族以象征性1英镑的形式将位于英国雷丁市中心的伦敦路校区土地捐赠给了雷丁大学（Whiteknights校区则是学校于1947

年购买所得，也是学校的主校区；Greenlands校区位于Thames河岸，主要是Henley商学院的所在地）。Palmer家族的标志就是3只贝壳。为了纪念该家族的壮举，学校将其家族标志放在了校徽里。

在HumSS楼的西南侧，可以看到新行政大楼（Whiteknights House）。说其新，似乎不尽其然，就是那么一栋朴实的大楼。据说，在大楼底层是学校的邮局。时间紧凑，当天我们没有进去，听后来的同学说，邮寄服务还是比较贵的。与之对应，则是古老的旧行政大楼（Old Whiteknights House）。从建筑的美感上而言，我更倾心于后者。古老的行政大楼，矗立在蓝天白云之下，浸润着初秋的金色阳光，周边是一堆堆的各种不知名的花与草，乍一看，以为是一座小小的中世纪古城堡，有着浓浓的大自然的野趣与风情。以为这栋旧楼停止办公，不期然间，看到打扮时尚的学生推开重重的大门，匆匆而进，有一种时光交错的错觉。

Old Whiteknights House

镶嵌着雷丁校徽的 HumSS Building

从旧行政楼缓步前行，路过一片草坪，会看到亨利商学院（Henley Business School）的两栋楼。亨利商学院由之前独立的亨利管理学院与雷丁大学商学院合并而来，是少数获得AACSB、AMBA和EQUIS三重认证的商学院。合并之后，有2个校区：南牛津郡的 Greenlands 校区和雷丁的 Whiteknights 校区。亨利商学院在世界上闻名遐迩，它是英国第一所商学院，在金融时报（Financial Times）2013 欧洲商学院排名榜上位居英国第 16 位，欧洲第 53 位。学院下设的 ICMA 中心（International Capital Market Association Centre)，为欧洲领先的证券市场与投资银行实务的商学院。ICMA 中心拥有全欧洲最大规模的仿真交易室（INVEST dealing rooms），由 Bloomberg、CNBC、IBM、Reuters 及 Telerate 赞助，为学生提供最新的设备以及最详细完整的价量数据。学生通过系统可以更加灵活和真实地掌握当今金融市场的理论知识和发展动向。也正因为 ICMA 中心，雷丁大学才被誉为英国金融行业的七驾马车之一。进入楼内，扑面的咖啡香，有一种都市时尚与治学严谨的结合，那感觉真是好极了。不禁开了小差，极度期待我们华东理工大学商学院大楼的建成，期待也有一间飘香的咖啡屋。

走出亨利商学院，沿途而行，路过一栋栋各个学院的主楼，绕过 HumSS，就是雷丁的图书馆。图书馆的外围毫不起眼，只是一栋地上六层地下一层的建筑，但其 24 小时通宵开放、适合所有等级学生使用的图书，以及遍布馆内的百余台电脑、打印机、无线网络深深吸引着全校学子。我在进校的第一周，就寻了一个空余的午后，在三楼语言馆的 Quiet Study Space 找了临窗的座位，自习了一下午，似乎又回到了学生时代。

图书馆的对面是一幢像积木一样的大楼，URS 楼。看着这幢楼的外形，会令人想起巴黎蓬皮杜创意园区，极其相似的风格，钢架林立、管道纵横的感觉，可以清楚地看到楼内的建筑结构。有学生认为像积木，因此这栋楼又叫乐高楼。

Eat at the Square 坐落在图书馆的东北方位，由一片小楼组成，从草坪的一边远远望去，就像是绿地中的一座红色宫殿。

Foxhill House 远远坐落在校区的东北角，有些傲然于

Henley Business School

International Capital Market Association Centre

URS 乐高楼

Foxhill House

世、挥斥方遒的味道，是英国著名建筑设计师 Alfred Water House 的住宅。他设计了英国历史博物馆等建筑，雷丁大学的旧行政楼就是他的作品。正午的时候，万里碧空，红色砖楼包裹在金色阳光下，静静地矗立在那里，安之若素，自有一份安宁、静谧与庄重。

按照学科排名，雷丁的王牌专业是农林。所以，从 Early Gate 走进校园，据说那一片地皮都属于该学科。每天早晨，从校门到 HumSS 楼的十五分钟路程，绝对是一大享受，呼吸着新鲜空气，放眼望去是一大片绿油油的草地，一条小径穿绿而过蜿蜒前伸，路边是一簇簇不知名的野花，偶尔一两只散步的狗狗嬉戏其中，别有一番情趣。草坪中间或有一两棵大树，其实是不知名的果树。野苹果树上挂满了果实，成熟的果子掉了一地。刚来一周，我的床头就放满了拣来的苹果。草坪边就是 Whiteknights Lake。湖水平静凝重，无数水禽栖息之中，抑或风拂过，一群水鸟展翅掠过湖面，天鹅优雅地昂着脖子，缓缓划向岸边，鸳鸯们成双结对，徜徉在爱的湖面……难怪此处如仙境，成为爱鸟者、体锻者、年轻情侣、周边居民以及初来者的天堂。

雷丁的学生相当多元，目前大约有 17 000 名学生在校，其中约 7 700 名是研究生。海外学生来自 140 多个国家，其中中国学员大概有 1 800 名，约占国际学生的 16%。我们到的这几天，恰逢雷丁的 Welcome Week。每天都是学生会组织的各类迎新。人声鼎沸。在正午的阳光下，各个社团的摊位前，人头攒动，基本上三两步就会碰见一个黄皮肤黑头发的新生，带着些腼腆与期冀，正犹豫揣测对方身份，忽地听到熟悉的乡音，恍惚间，不知是在英伦还是在东方。

现任学联主席 Oli Ratcliffe

学联办公室

学联办公室

雷丁学联

雷丁校园东南角有一幢楼，二楼的玻璃窗上贴着 RUSU 四个字母，那就是学联（Reading University Student Union）的所在地。雷丁学联相当于国内大学的学生会，但是又不尽相同。走近学联楼，最引人注目的就是高高悬挂在楼前的 5 位专职学联学生官员的巨幅海报式相片。

雷丁学联是一个非营利性学生组织，由学生选举产生，独立于学校，自主运行。其营利性收入，比如商店、咖啡吧的收入，均用于学生活动。学联的口号是：由学生选举，从学生中产生，为了学生的一切（Led by Students For Students）。

每年的 2 月就是学校的选举周，在那一周，全校开展选举活动，各个候选人通过各种方式为自己争取选票。选举最终产生由 21 名成员组成的主席团，其中，5 名全职学生官员（full-time officers），8 名兼职学生官员 (part-time officers)，2 名由学生选举产生的学生代表 (student trustees)，还有另外 6 名代表，其中 2 名是学生代表 (student trustees)，4 名是校外代表 (external trustees)。

选举过程非常复杂，要尽可能得到多的选票，一般有六七个人竞选一个职位。参选者要求有超过 50% 的投票。选举人可以按一二三四的次序来填写自己心中的候选人，计票时一般会将排名第四的人的票平均分布给前三位，再来看得票比例。整个计票过程很复杂。参选过程中，每位候选人有 40 英镑的经费，确保没有钱的学生也有机会参与竞争。候选人一般通过张贴海报、公共演讲等方式来吸引选票。

和国内学生会主席团成员不同，雷丁学联的 5 位专职学生官员都是本校毕业生，毕业后专门从事学联工作。每周一到周五上午九点到下午五点为工作时间，任期一年。全职学生官员大部分是学校理事会成员，经常出席学校理事会、议事会等，以确保学生代表的利益能在理事会上得到反映。其薪水大约两万英镑一年。学联主席的工作经历将会使其个人在团队管理和演讲能力方面获得丰富的经验。因此，相当一部分学联主席在卸任后进入政府部门工作。例如现任主席 Oli Ratcliffe 之前的专业是英国文学和政治，他的理想就是成为 BBC 的政治评论员，或者参加全英学联主席的竞选。

5 名全职学生官员各司其职。学联主席（President）的主要职责是与学校部门（包括校长、校外关系以及媒体）保持良好关系，当学联需要做决定的时候，确保各种意见保持一致。主管学习方面的学生官员（Education Officer）负责与教学科研机构联系，开展学习讲座，包括论文写作辅导。公共关系学生官员（Engagement & Communication Officer）的主要职责是与学生们保持沟通以及维护学生媒体，负责学生会的运动团体和社团。福利学生官员（Welfare Officer）负责学生福利方面的事务，确保在学生多元化的情况下，海外学生也能享受学校的同等福利。另外 6 名兼职学生官员也同时受他统领。这 6 名学生分别负责亚非等地区不同学生的情况。社区发展学生官员（Community & Development Officer）负责新生培训，尤其在新生周其作用得到充分发挥，要

办公室

活动室

招新现场

招新现场

招新现场

招新现场

帮助学生了解学联情况。同时，他还负责与社区、慈善机构和学校的沟通，包括学校的校园绿化。

兼职学生官员(part-time officers)一共有8名。目前本年度只有6名，还有2名近期将通过竞选产生。其中，第一位负责亚裔（指印度学生）和黑人学生事务；第二位是国际学生事务代表，主要负责国际学生福利；第三位主要负责学校女学生的权利和福利，并与当地女权机构紧密合作；第四位负责环保和绿化工作，确保学生活动不会破坏学校的环境和绿化；第五位主要负责确保学校成年学生群体（超过21岁的学生）的利益；第六位负责残疾学生和有特殊需要学生群体学生利益，不仅包括肢体残疾的学生，也包括心理等方面有需求以及无法专注学习的学生等。另外两位，其中一位负责特殊群体，指女同、男同以及变性等性取向比较特殊学生的权益能得到平等对待；另外一位是研究生代表，主要关注研究生的福利。研究生在雷丁大学占到45%。

最后由学生选举产生的2名学生代表(student trustees)，负责把学生的意见汇总后交给学联官员。

学联最主要的工作是听取学生的意见，代表学生的利益，与学校进行沟通。学联为全校学生提供在线平台，学生可以留言发表想法，提出要求，使他们享受更好的学生权益。如果学生的建议是有创设性的，学联都会毫无保留地传达给学校；如果学生的意见是疯狂的，甚至会损害学校和其他学生的利益，学联会将其屏蔽。在多数情况下，那些合理的要求都会被采纳。关于学生建议的反馈周期，取决于意见

招新现场

内容大小的情况。如果涉及学业政策等方面，一般需要一年，即在某一任提出，估计得下一任学联主席才能解决。如果是一些小建议，一般只要一两周就可以解决。

学联有专门的执行官（CEO），对新一届学生代表进行培训。通常会选择在商学院进行专题培训。此外，新旧两任官员有两周的交接时间。其间，新官员全程跟随进行观摩和学习。CEO 既不是学生也不是老师，而是专职从业人员，已经有 20 余年的工作经验。

学联开展的学生活动 (Campaigns)，旨在提高学生的福利，争取更好的政策，以改变学校的环境以及学生的权益。主要集中在两方面：一是争取有利政策，比如要求图书馆 24 小时开放；二是提高学生意识，包括确保学生心理健康、确保校园里无性骚扰、确保学生理性饮酒、确保学生理性消费、确保买房学生不受欺骗、租房学生不受房东性骚扰。

一般活动，不需要学校审核，只要通过学联或 CEO 的批准即可。如果涉及破坏学校或其他学生利益的，学联会进行讨论。学校给予的活动经费的多少与对学联的评价有关，评价越高，经费越多。通常在英国本土范围内，有一项全国学生民意调查，他们可以对学校学联进行评价，同时还有对学联活动参与度的调查。学生的满意度是对学联最大的约束。雷丁大学的学联评价好评大概在 85%，位居全英前十位。

学联同时管理超过 120 个学生社团。社团性质多样，有学生文化与信仰团体，也有兴趣爱好类，如玩游戏、烘焙等，还有学生媒体。在雷丁社区周边也有定期或不定期的义工活动，如修剪社区花园。如果学生找不到合适的社团加入，可以自行寻找志同道合者，只要超过 50 人即可组建新社团。

雷丁大学目前有 57 个不同的运动场地，包括足球场、篮球场、网球场等，以及各种运动俱乐部。俱乐部分为初级、中级和校队。校队负责校际竞争，雷丁的主要对手是牛津大学。有些队员还有志于竞技运动，最著名的是雷丁划艇俱乐部(RUBC)。该俱乐部会员曾作为国家队选手参加过奥运会。

学生在校可以参加各式各样的活动。学联办公室一楼就是一个小型的俱乐部，每周三、六晚上大约有 2 500 名学生会来到这里玩乐。学校的商店林林总总，有专门的学校纪念品商店、文具店、理发店、房屋中介、小型超市、星巴克咖啡、酒吧、卡拉 OK 等。每周四晚上，酒吧都会有竞猜活动。偶尔，学联也会邀请校长到卡拉 OK 来展示一下。

学联的经费主要由大学拨款，除此以外，其经营的商店、幼儿园等机构的盈利，都将再次投入经营。每位学生进入大学就自动成为学联成员。如果要加入俱乐部等，就需缴纳会费。例如足球俱乐部的会费是 10 英镑。社团收取的费用一般也会返回，用于学生活动。校友捐助一般捐给学校，学校各社团可以向学校申请，由校董会决定是否投入资金。

我们在 Welcome Week 的正午校园闲逛的时候，巧遇雷丁大学中国学联的孩子们。他们热情地向我们推荐社团代售的英国国有企业生产的中国商品。我一方面暗自窃喜自己的面庞竟然还能混迹于学生，一方面顺势与娘家社团接上头方便之后的深度访谈。

（根据 Oli Ratcliffe 的专题讲座整理成文）

Bourton-on-the-water

英　国　水　乡

对于一直生长生活在江南水乡里的我，早已习惯了吴侬软语、小桥流水，习惯了水网纵横、曲巷斜街，习惯了古镇石桥、田园村舍，最是那一首《江南好》。在“能不忆江南”深秋的季节，去享有“英国水上威尼斯”之称的水上伯顿（Bourton–on–the–water），领略一番西欧岛国的田园牧歌风景，却也别有一番情调。

素有“英格兰心脏”之称的 Cotswolds 是全英无可争议的拥有田园式居住环境的地区，而 Bourton–on–the–water 则是 Cotswolds（科茨沃尔兹）最受欢迎、最典型、最美丽的英国乡村。

从雷丁出发，驱车 2 小时即可到达伯顿。一路过去，一大片田园以阶梯的形态向天边延伸。河岸边的草坪在微露的晨光中蒸腾着淡淡的雾气，一片氤氲。高速公路两旁的灌木茂密繁盛，树冠在半空中相触交汇，形成绿色的灌木通道，车行其中，宛如进入时光隧道。临近伯顿，眼前渐渐活了起来。田园的色彩逐渐丰富，绿色系、褐色系、黄色系、红色系的树木枝叶蔓藤参差交错，一侧的田边是白身体黑脑袋的羊，像一团团棉花堆在地里；另一侧的田边是黑白色奶牛，

Cotswolds 田园里的羊群

悠然自得。难怪在古英语里，Cotswolds 的意思就是“牧羊的绵延山坡”。据说，英国最具代表性的羊毛制品就产于此地。

甫进村口，映入眼帘的就是一条贯穿整个村子的 Windrush River。小河缓缓流淌，清澈见底，河水不深，也就一鸭掌的深浅。我看那些鸭子们厌倦凫水的时候，都是立在水里闲庭漫步。连接小河两岸的是一座座古老的低矮石桥，据说有两百多年的历史，桥与桥之间大约相隔二三十米。想象一下，如许多年，这座座石桥见证了多少光影交错？河岸边是郁郁葱葱的大树，倒映在河里，一片树影花光。沿河而建的主街上是一家家颇具特色的小店，瓷器、下午茶、手工果酱，还有 made in China 的车模。

路过其中一座小桥的时候，有一支舞蹈队正在表演传统莫里斯舞。和领队随意聊了几句，得知他们来自曼彻斯特，纯粹兴趣。不过依他们正式的演出装扮，专业的小提琴手、手风琴手，足以看出他们对表演的认真与严谨。音乐声起，欢快的莫里斯小调为安静的村庄带来一片欢腾与喧闹。听说我们来自中国，热情的英国绅士追到河对岸，力邀我与他们共舞一曲。问了我的英文名，老先生高声宣布：下一曲 Judy's dance！其实也就是简单地和着音乐用脚尖前点、右摆、后甩、前踢，好在我自诩是一名舞蹈爱好者，来雷丁之后的第一周学校就安排了苏格兰舞蹈课，自然今天的舞蹈难不倒我。和了两三节，我开始融入队伍。舞者们身着传统服装，手舞白色手绢，舞蹈节奏欢快，引得众人围观。结束的时候，8 位舞者将我高高举起，让我向天空张开双臂。人群中传来喝彩声，舞者们轮流过来与我致谢祝福拥抱，并逐一给了一个贴面吻。随后的场景有些戏剧化，舞者们随手摘下帽子，将帽子朝上，围观的游客开始自觉地向帽子里扔英镑。我有一丝后悔，如果今天我也戴帽子。

告别舞蹈队，沿河边向村里缓行。本想直奔 Model Village，不曾想需要 3.6

水上伯顿的湖景

Lower Slaughter 的庭院

Lower Slaughter 的庭院

庭院一角

英镑，遂作罢，不如实景实地地慢慢欣赏吧。

Slaughter 村几乎与世隔绝，像一个深闺少女，秘藏于 Cotswolds。它分为上（Upper）、下（Lower）两村，Bourton-on-the-water 位于下村。村里静谧安宁，一幢幢保存完好的蜜糖色石屋静静地立在路的两边。科茨沃尔兹出产“科茨沃尔兹石”（Cotswolds stone），当地人称之为“蜂蜜石”，石头具有天然的蜂蜜般的浅黄色。我们去的时候正逢阴天，没有阳光，只能脑补金色阳光包融黄色石屋熠熠闪光在蓝天白云下的美图。村里古老房子的建筑材料全是用这种石头建成。据说丘吉尔庄园的房子用的也是这种石头。如此算来，这些屋子都是上百年的高龄了，无怪乎墙壁上有着岁月的斑驳残痕。

村里的道路不宽，一幢幢石屋错落有致。英国人酷爱园艺，这在 Lower Slaughter 进一步得到了印证。无论是 Old New Inn，还是普通的 B&B，或是村民的自家住宅，庭院里都是绿意盎然，花型、花色、花期都被精心选择。那些绿色、红色、粉色、黄色的蔓藤从墙角向上蔓延，逐渐爬向窗台，覆盖了整面墙壁。培根曾在《论花园》中说道：“全能的上帝率先培植了一个花园。的确，它是人类一切乐事中最纯洁的。它最能愉悦人的精神，没有它，宫殿和建筑物不过是粗陋的手工制品而已。”斯村的村民们将其对生活的感悟及对美好的追求，不露声色地倾注于他们的庭院设计，给人以一种庭院深深、源自天上的美的享受。

狭窄的道路两旁依然是一间间小店，多数 B&B 的门口，高高悬挂着 No Vacancies，可见来此地度假的游人之多。当然，无法与江南水乡的客流相比。我们一路走过，除了一部分与我们一样的匆匆过客，大多都是当地居民，或是牵着狗狗，漫步街边；或是坐在河边长椅上，望着河面发呆；抑或骑着自行车、踩着滑板状似漫无目的地闲逛；还有点上一块蛋糕，搅动着咖啡，随意闲聊……这里远离喧嚣，万物恬然自足，一片浑然天成的安宁，渗透骨髓的精致与优雅，俨然一个时和年丰的世外桃源。

在街口拐弯的地方，遇见一哈雷车主。他告诉我们，他的哈雷已经 9 岁，目前价值 10 000 英镑。车主热情地邀请我们坐在车上摆拍，甚至许诺带我们坐哈雷兜风。突如其来的美好惊坏了我们的心脏，只能婉约地谢绝他的好意。只是如此淳朴的民风，也足以让我们感慨一路。

林语堂曾说，“世界大同的理想生活，就是住在英国的乡村……”此话不假。可惜我拥有如此忠诚的中国胃。我还是想念我的水乡。那个谁，等我学成归来，你带我再去咱们的水乡走一走，可好？

布伦海姆宫

其实从真正意义上来说，它并不能称为宫殿。确切地说，它是一座庄园，是英国历史上唯一一座既非王室所有，亦非宗教建筑，却理所当然地拥有 Palace 称谓的庄园。它，就是坐落在牛津郡境内伍德斯托克（Woodstock）的布伦海姆宫（Blenheim Palace），英国历史上最著名的首相之一温斯顿 · 丘吉尔的出生所在地，丘吉尔庄园。

经过将近 300 年的家族兴衰，历经风雨，这座古老的庄园在深秋的凉风中傲然挺立，一派祥和与凝重。

来到这座庄园，就不得不提一提“布伦海姆之战”（Battle of Blenheim）。该战是西班牙王位继承战争 (1701—1714) 中，奥地利、英国、荷兰联军与法国、巴伐利亚军队于 1704 年 8 月 13 日在巴伐利亚的布伦海姆村附近的决定性交战。1700 年，西班牙国王卡洛斯二世死后无子继位，而当时西班牙在欧洲、美洲、非洲均占有大片领地，由谁来继承王位，关系到在欧洲争夺霸权的大局。因此，围绕着西班牙的王位继承问题，引起了集团间的长期战争。英国将领马尔伯勒公爵约翰 · 丘吉尔率英荷联军与奥地利欧根亲王（萨伏依的）率领的军队会师，两军共 5.2 万人，破了法国——巴伐利亚联军 6 万人，歼敌 3 万人。这一胜利决定了法国的败局。为了表彰和嘉奖马尔伯乐公爵一世，安妮女王赐予了这座宫殿。

据传，Blenheim Palace 的建造过程异常艰辛，历时整整十年（1764—1774），花费 30 万英镑（国库赞助 24 万，家族 6 万），

终于成就了今天这座占地 2 100 英亩、英国最大的巴洛克建筑。或者，只是因为它身上所镌刻的丘吉尔家族的烙印，才会吸引一批又一批的游客在此流连忘返。据说直到今天，第 12 世公爵及其夫人仍居于此。我没有那样的幸运见到真人，只是在参观殿内房间时，见到了 12 世公爵及其夫人的照片。

今天的布宫，以丘吉尔为荣。2015 年恰好是丘吉尔逝世 50 周年，英国政府在当年 1 月 30 日举行了隆重的纪念活动。丘吉尔家族重走当年的葬礼路线，再现当年的国葬仪式。

走进中庭，正门六根古希腊克林斯雕花石柱，支撑着有着精美浮雕图案的三角形山墙，山墙上一行英文：WHITIN A REALM OF DISTANCE。在字母 A 上面，有一红色小圈，问遍身边人，都不知是何缘故。许是强调丘吉尔的唯一性？中庭前是一片开阔的庭院。据说第二次世界大战期间，丘吉尔首相曾在此召集万人“誓师大会”，以号召抗击德国法西斯的侵略。

步入大厅（Great Hall），一股庄重之气迎面扑来，让人不由自主地放慢了步伐，压低了嗓音。丘吉尔擅长绘画，在展览室仍然保存着当年由他本人手绘的大厅图，与摄影师 Henry Taunt 的作品如出一辙。

沿大厅右行，进入北长廊（North Corridor）。长廊两侧是第七世公爵及其夫人的半身雕像。他们也是丘吉尔的祖父祖母。推门进去，依次是丘吉尔展览室、丘吉尔诞生屋。房间不大，按照原样布置，墙面上挂满照片。其实，布宫并不是丘吉尔的家，他的父亲伦道夫 · 丘吉尔勋爵是七世公爵的第三个儿子，传说丘吉尔也是因为阴差阳错的种种机缘巧合诞生在了布宫。作为非长房子孙，丘吉尔及其父亲都不能继承和世袭布伦海姆宫。房间里有丘吉尔幼时的照片，相片里的孩童唇红齿白，乍一看，像一个漂亮的女洋娃娃。做如此装扮，是因

正门山墙

North Corridor

Long Library

First State Room

Long Library 内安妮女王雕像

宫内草地

为据说在当时，贵族们害怕自己的儿子发生意外，因此都将男孩装扮成女生。现在想想，丘吉尔也是蛮拼的。房间里还有一张照片，上面是丘吉尔的亲笔："今天我出去钓鱼了，而且钓到了平生第一条鱼。"我想在当时，谁也不会预料到，写下如此稚嫩语句的孩童日后竟获得了诺贝尔文学奖。

在大厅的西侧，我们从屏幕上观看了 50 年前的国葬现场，其规模在当时堪称空前隆重，有 112 个国家的代表出席。作为前首相，丘吉尔葬礼上鸣放礼炮 19 响（英国君主的葬礼鸣放 21 响）。在英国女王命令下，丘吉尔的灵柩在威斯敏斯特大教堂停灵 3 日供民众吊唁，随后在圣保罗大教堂举行国葬，议会休会 3 天以示悼念。国葬当日，火车将其灵柩运送到布伦海姆宫附近的布雷顿教堂，与其父母葬在一起。大约有 32 万民众自发来到现场为其送行。

穿过大厅，就到达南长廊（South Corridor）。长廊里有一幅 Gwendoline Churchill 的肖像，她是丘吉尔哥哥的夫人，同时也是知名艺术家。也正是她，将丘吉尔带入了绘画的艺术世界，并将其作为终身爱好。丘吉尔在其一生中，用画笔从不同视角描绘了大量的布宫写实。

南长廊尽头是 China Ante Room 和绿色书房（Green Writing Room）。丘吉尔一直十分自豪于其先祖马尔伯勒公爵约翰 · 丘吉尔。他曾经花费大量的时间在布宫研究马尔伯乐公爵的戎马生涯，并在其自传中进行了详细描述。后人评述，尽管丘吉尔非长房长子，不能继承爵位，但却完全继承了其先祖卓绝的军事才能。

与绿色书房相连的，是红色客厅（Red drawing Room）和绿色客厅（Green Drawing Room）。每间屋子的墙壁上，都挂满了丘吉尔家族先祖们的肖像、各种油画和壁毯。绿色客厅的东面，正对大厅，是一个大会客室（Saloon）。第二次世界大战期间，有一家男童学校撤离于此，并将之改造为男生宿舍。现如今，这里已经成为现任公爵的餐厅，仅在每年的圣诞节使用一次。据说那张维多利亚时期的橡木桌子展开可以坐大约 40 人！

出 Saloon 往东，分别是第一、第二、第三国宾居室（First、Second and Third State Rooms）。和之前的几间屋子相同，每间的墙壁上都是家族先祖们的肖像，地面上铺着昂贵的丝织地毯。古旧的桌子上，按照当年的光景整齐摆放着王室御赐的奢侈银器及瓷器餐具。灯光下，这些器具泛着淡淡的光泽，无声地诉说着布宫昔日的辉煌与荣耀。

在这三间室内，有不少丘吉尔的画作。例如，第一国宾居室里，就陈列了一幅布宫南侧、起自第一国宾居室、止于长廊图书馆的纵向视觉图。

在第一国宾居室的壁炉顶上，有一面当年在“布伦海姆之战役”中缴获的法国军旗的复制品。其意义非同寻常。每年的 8 月 13 日之前，即布伦海姆战争胜利日，丘吉尔家族必须向王室呈交一面法国军旗的复制品，以示对王室的忠诚。同时，该旗也作为家族支付给王室的“租金”，如果忘记缴纳“租金”，则布宫就会被王室收回，以示惩处。第一国宾居室的中间，陈列着一张便笺，那是一世公爵在布伦海姆战争胜利后写给其妻子的，简短的几句话写在一张法国酒馆账单的背面。（布宫的是复制品，真迹藏于大英图书馆）

第二国宾居室里有三幅巨大的挂毯，描绘了一世公爵在布伦海姆之战中最终胜利的场景。丘吉尔曾经感慨，一世公爵在此战役中所发挥的军事天赋远胜于其他战争。

出国宾居室，就来到长达 55 米的长廊图书馆（Long Library），其由尼古拉斯 · 霍克斯莫尔设计。丘吉尔酷爱阅读，因此，图书馆也成为他在布宫的最爱。最初的时候，这里被设计为画廊。毫无疑问，这里有着宫内最好的装饰和最珍贵的藏品，安妮女王、马尔伯乐公爵一世、国王威廉三世的雕像，成千上万册的珍稀古旧藏书，可以说是价值连城，举世无双。趴在书架上仔细看，每一本书的顶部都有家族标志的特有的花纹。在这些书中，我惊喜地发现了莎士比亚全集、狄更斯全集等著作。据说这里的每本书都至少价值 6 万英镑。这还不包括在某一世公爵的时候，由于庄园经营不善而出售的图书。长廊的尽头是一架巨大的管风琴，家族聚会或者宗教仪式的时候将用来演奏。

宫殿的最后一处是一个小礼拜堂（Chapel）。1874 年 12 月 27 日，丘吉尔曾在此受洗。

从西面出布宫，与殿内庄严肃穆相对应的，是一座精美的意大利式花园。园内有来自当时各国建筑大师的得意之作：英国范布勒爵士的巨大几何形花坛，意大利贝尼尼的水神喷泉，还有数尊古罗马雕塑，栩栩如生。人们常把布宫的花园与凡尔赛宫花园相提并论。在我看来，它比后者更加恢宏大气。

我和阿敏、学习超决定沿湖边快速遛一遍。湖面庞大而宁静，不时有水鸟掠过，岸边的草丛里，偶尔传来窸窸窣窣的声音，不知道是什么小动物在里面穿梭；走到一半的时候，忽听得一阵鸟鸣，抬头看，一群归巢的鸟儿排着鸟阵从远处飞来。草地中央，不时矗立着一棵棵参天大树。我试着量了量，大概需要 6~7 个成年人合抱才能完全围住。这些百年老树，默默地驻守在庄园，见证着这个古老家族的荣辱兴衰。

Long Library 内的藏书

Long Library 内的藏书

湖边

布伦海姆宫远眺

寂静的湖边小道上，只有我们仨。也许是职业使然，我们忍不住试图探究当年丘吉尔的心态。不知道，当他的母亲（珍妮 · 杰罗姆，美国百万富翁、《纽约时报》股东之一伦纳德 · 杰罗姆的女儿）牵着他的小手，从庄园里走过的时候，会对他说些什么？会不会想到这个孩子在日后会成为万众瞩目的伟人？幼时的丘吉尔又会在想些什么？他会不会预想到他的未来？而今天的 12 世公爵家庭，他们又是如何教育他们的后人？他们的后代又作何感想，是觉得荣耀还是沉重的压力？

我在给本科生开设《管理学原理》，讲到《领导》一章时，曾经给大家出过一道选择题：假设我们要从以下三位候选人中选择一位来造福全世界，你会选择哪一位呢？候选人 A：笃信巫医和占卜家；有两个情妇；有多年的吸烟史，而且嗜好马提尼酒。候选人 B：曾经两次被赶出办公室；每天要到中午才肯起床；读大学时曾经吸食鸦片；每晚都要喝一夸脱（大约 1 公斤）的白兰地。候选人 C：曾是战斗英雄；保持着素食习惯；从不吸烟，只偶尔来点啤酒；年轻时没有做过什么违法的事。多数的学生往往一眼选中答案，却揣测出题者的意图，迟迟不敢举手。这些信息足够作出判断吗？实际上，候选人 A 是富兰克林 · D · 罗斯福，候选人 C 叫做阿道夫 · 希特勒，而候选人 B 就是温斯顿 · 丘吉尔。

可见，所谓人无完人。就如我前文所描述的，我之所以敬重他，也许是因为在他身上，有着对祖国狂热深沉的爱，但这种对祖国的大爱并不意味着他拥有一颗对社会、对人类博爱的心。事实上，他对中国并不那么友好。他总是以一种高人一等的所谓的西方贵族的优越感，睥睨一切，歧视包括中国在内的落后国家。但不可否认，他身上的确又有着一些足以吸引众人追随推崇的特质。就像他的手下所论述的，他“既不和善，又不体谅下属。他随便骂人，经常发牢骚，更百般苛求和吹毛求疵”。他具备了所有令人深恶痛绝、憤恨嫌弃的上司所应有的特点，但奇怪的是，所有的人都认为，他就应该是那样的。人们认为，这才是真正的丘吉尔。所以，他们百般容忍，依然趋之若鹜地推崇他、追随他、效忠他，毫无保留，毫无条件。可以说，一个伟人所具备的优点和缺点，他都无一或缺。也正因如此，对英国来说，对世界来说，他才是唯一的。就连他的政治对手也不得不承认：“丘吉尔是大家一致认为永远不可能成为首相的人，可是他同样也是在危急关头获得大家一致欢迎，认为是唯一可能出任领袖的人。”

也许，正是因为与丘吉尔息息相关，布伦海姆宫才能历经百年，依然安之一隅，泰然自若，其往送而迎来，看世间风云变幻，伊自岿然不动。

夜色下的白金汉宫广场

黄金一瞥

其实在媒体铺天盖地宣传习主席此次的黄金出访的时候，我最为关心的是能否有机会亲临现场。

10 月的雷丁，已经进入深秋。凌晨四点，满天星子，昏黄的路灯散发着朦胧的光晕，空气中弥漫着割过的青草香气和湿漉漉的泥土芬芳。从没有尝试过如此之早而且是一个人走在异乡的小道上。寂静的黎明，只有我一个人的脚步声，偶尔几声虫鸣，远处有早起营运的出租车的灯光。心里其实是有些忐忑的，但是能够去伦敦亲自迎接习主席的兴奋冲抵了一切不安。等和宗瑛、阿敏她们在路口汇合的时候，已是微汗。

乘大巴从校区出发，六点抵达伦敦 St. James Rd。路过维多利亚火车站，穿过 St. James Park，白金汉宫门前的主干道两侧已经陆陆续续挂满了中国驻英各商会、高校校友会、协会等团体的旗帜。我们选择了距离白金汉宫最近的场地。天还没亮，东边的天空，有早霞，透着粉红的霞光。气温不高，但是一种难以名状的激动在人群中迅速蔓延。大家默契地站队，悬挂旗帜，系上横幅。不时有一队队的警察巡逻走过，见到我们，报以友好的微笑。第一次见到英方严阵以待的架势，真的是三步一哨五步一岗。宫殿里的灯逐一亮起，有工作人员开始打扫。

晨曦微露的时候，终于看清了此刻的白金汉宫。大街上，高高悬挂着中英两国国旗。据说，如此庄重的架势，在近年是首次。这也足以证明了英国对习主席此次出访的重视。难怪英国驻华大使吴百纳在接受记者采访时，高调地用三个“黄金”来概括此次出访的重大意义，称习主席和彭夫人访英将是“黄金年代”的“黄金事件”，英方期待英中开启“黄金十年”。

广场上的人越来越多，到处可以看到飘扬的五星红旗，挥舞的中国、英国小旗帜。无论是黑头发黄皮肤的中国人，还是黄头发白皮肤的英国人，抑或其他的国际友人，大家都热情洋溢，急切地将目光紧紧盯向路口，期待着习主席的到来。早在一周之前，英国就已经开启了红毯模式和五星红旗模式，以近年来最高规格的礼仪来迎接习主席和彭夫人的来访。

九时许，有警察列队出来巡逻，广场上有工人开始清场。细心的英国人甚至开来大卡车，将路口的交通信号灯连同灯柱一起拆卸运走。皇家乐队、皇家仪仗队、皇家骑兵卫队先后出来进行了预演。

十一点整，皇家卫队开始列队。严谨的英国人用量步神器丈量着每位士兵之间的间隔，一旦距离不均，队长会让士兵挪着急促的小碎步迅速调整。欢迎人群看着这喜庆的一幕都善意地会心而笑。这让我想起之前的官方报道，据说在国宴餐桌上摆放的每套餐具之间必须精确相距 46 厘米，即使是最熟练的侍从也要依靠有毫米刻度的尺子来给每套餐具定位。整场国宴要用去 1 104 个玻璃杯，

黎明前的白金汉宫广场

人群中挥舞的五星红旗

皇家卫队

金色马车

每位客人可拥有一套 6 件玻璃杯，分别用于饮用水、香槟、红酒、白酒等。

11:30，人群中突然传来惊叹声。循声抬头，只见原先灰白的天空突然放晴，万里碧空，金灿灿的阳光透过云层铺洒在广场，一片祥和、温暖，其乐融融。

11:55，英国女王乘坐的劳斯莱斯驶出白金汉宫，前往习主席下榻的文华东方酒店。

12:30，当结束了阅兵仪式，习主席与女王共同乘坐金色马车出现在广场前时，全场一片沸腾。现场的中国人打出了“习主席您好”“习大大和彭妈妈好”等条幅，所有的人在按动相机快门的同时，不忘使劲儿挥舞着手中的五星红旗。尖叫声，欢呼声，热烈的掌声，铿锵的口号构成了现场最动听、最气势轩昂的旋律，连皇家警察与卫队士兵都被我们感染，连声赞叹。

白金汉宫广场维多利亚女王像上的金色天使

从凌晨 4:00 起床，4:20 出门，5:00 上车，6:00 到现场，8 个多小时的期盼就是为了能够亲自见证这一神圣的历史时刻。套用一句歌词来说，只是为了透过人群，“看你一眼”。

也许这一眼，只是短短的几秒，但在我看来，它却是跨越了将近两个世纪的历史。1840 年，英国鸦片战争打开了中国的大门，这个引领了 18 世纪工业革命的资本主义国家用暴力冲进中国，将香港变成其在东方的租界。可是 180 年之后，这个老牌帝国主义国家亲眼见证了中国的迅速崛起，他敏锐地意识到，中国已是全球不可小觑的大国，是最值得他信赖并最值得与之进行合作交流贸易的国家。

所以，近年来，英国不顾美国的反对与不满，成为西方国家里第一个加入亚投行的国家，并随之与中国在能源、金融、基建等领域频频展开合作。以至于美国等一些西方媒体将英国的战略决策称之为“史无前例地叩头”——一种轰炸式地向中国示爱，全方位的叩头。这点从此次习主席英伦之行所获得的礼遇略见一斑：103 响礼炮，女王亲迎并宴请，与女王同乘金色马车，下榻白金汉宫……要知道，那“小公举”般的金色马车最近一次启用还是 2002 年女王登基 50 周年庆典上！也就是说，奥巴马等他国领导人出访英国，都没有获得此等待遇。

其实在英国短短的一个月里，无论走到哪里，我们都能深刻感受到祖国的日益强大。无论是遍及大小商场的 made in China 的商品，还是在“欧洲硅谷”占有一席之地的华为；无论是尖端科研领域的合作交流，还是汽车、食品行业的并购，无一不体现着中国的硬实力与软实力。今天，当目睹祖国的领导人被给予如此高规格的礼遇，那一眼之间，涌上心头的是无与伦比的自豪与荣耀！

黄金一瞥之后，迎来的将是中英关系黄金十年的黄金大道。就如习主席英伦之行宣传片里所阐述的，中英关系没有最近，只有更近；执子之手，且行且为。习主席此次对帝国理工、曼城的造访，预示着中英在各个领域的合作，也意味着以此为契机，中国可以构建从东方到欧洲的大动脉。从某种意义上来说，这也标志着中国的“一带一路”与欧洲的真正契合。

溯源雷丁

初到雷丁的时候，总感觉和上海相比，这里太偏僻，太安静，除了典型的英国乡村风景、英式庭院，镇上连咱大奉贤的南桥都不如。真的，只有一家叫 Oracle 的 shopping mall，两层，还是这几年刚建的。当地人很自豪地说，这是他们最大的 mall。我咽了咽口水，最终还是报之以温婉的微笑。

也逐渐习惯了这里安宁的生活，每天两点一线：家里——学校，学校——家里，日均 1 万步，似乎又回到当年的青葱岁月。我很喜欢，因为纯粹。

渐渐地，就想探究一下雷丁的历史。这里要感谢果爸，在我临出发前一个月，翻出来他珍藏 16 年之久的《为什么是英语》一书，该书以简单轻松的口吻条理清晰地描述了英国的发展历史。读罢，让我对英国的历史有了较为深刻的认知。我后来在华理图书馆的书库里下载了电子版带到雷丁，不时地翻阅温习一番。正因如此，在雷丁大学国际项目主

Forbury 花园中的 Maiwand 狮子雕像

Reading Meseum

Abbey Gateway 遗迹

任 Bruce Howell 为我们讲述《Reading：Trace of the Past》的时候，我基本能够将雷丁的历史与英国历史以及中国的历史阶段一一对应。

和英国其他我们耳熟能详的城市相比，雷丁并不很出名。但就是这座默默无闻的小镇，已经有 1 500 年的历史。

英国比较重要的时代是古罗马时代（43—410）、盎格鲁—撒克逊时代（924—1066）、诺曼时代（1066—1154）、维多利亚时代（1837—1901）和工业革命时期。罗马帝国对英国的影响十分巨大，现在还可以在英国见到很多石头房子，这就是罗马时代留下的遗迹。

雷丁大概起源于公元 500 年左右。人们推断，第一个创建这座城市的人应该是盎格鲁—撒克逊时代的，因为 Reading 的后缀 ing 表示的就是“那儿的人（people，followers）”。在最早的地名拼写上，雷丁写作 Readingas，意思是“people of Reada”。从读音上，雷丁一词中的 ea 读作 /e/。史学家相信，任何人类历史文明的发源都是要依河、海而居，第一批来到雷丁的人们就居住在 Kennet 运河的源头。这是因为泰晤士河流经温莎，来到雷丁，再流向牛津；另一条河流就是 Kennet，两河交汇于雷丁。

根据盎格鲁—撒克逊的编年史，从公元 789 年以来，北边来自挪威的海盗维京人多次向西撒克逊人发起攻击，雷丁成为交战的战场。最初这里是战役营，

镇上一角

之后有居民慢慢地居住下来，逐渐成为城镇。当时的国王叫做Afred，首次战败后，又经过多次交战，最终在多年后，还是由他帮助雷丁恢复了和平。

扯一句题外话，就整个英国的历史而言，大不列颠在成立之前受到了来自各个地方的攻击，例如盎格鲁—撒克逊人的入侵，德国、丹麦维京海盗。因此，英格兰融合了欧洲大陆的一些文化。而在这之前，大不列颠岛就已经有原住民，叫作凯特人。当受到外族入侵的时候，他们就逐渐退到岛的北边、西边以及西南。这也就是为什么英格兰与其他地方不一样，那些地方保留了更多原住民的痕迹。历史上，东北部受维京人的影响比较大。雷丁就是在东北部和西南部交界的地方，那就是为何当初在雷丁交战。

1066年，来自诺曼底朝廷的诺曼人和盎格鲁—撒克逊人在Hastings交战。当时的盎格鲁—撒克逊国王带领军队应战，但是被诺曼人打败。诺曼人长驱直入，征服了整个英国。从那以后，一个混合着多元文化（英语、拉丁语、盎格鲁—撒克逊文化）的国家逐渐形成，对大多数人而言，这才是英国的开始。威廉一世是英国的第一任国王。他开启了诺曼时代，并且英语开始普及。

在雷丁博物馆里有一幅挂毯复制品，叫做贝叶挂毯，全幅挂毯用拉丁文与图案描述，原迹在法国。最后一幅图就是当时的英国哈鲁德国王被打败的场景。

直到诺曼朝代，雷丁还是默默无闻。但是在这之后，这座城市就迅速发展。这得益于威廉一世的第三个儿子——亨利一世。

1121 年，英格兰国王亨利一世在雷丁建立了第一座修道院 Reading Abbey，使雷丁成为朝圣地。雷丁修道院在当时与西敏寺有同样的规模。当时这个修道院实际上是一个具有多功能的场所，一方面是宗教中心，另一方面也是一个文化中心，是一个学习的地方，因为当时并没有学校。修道院里有很多藏书，也会自行出版一些书籍。此外也有医院，给穷人看病并提供治疗。同时，修道院还给前来朝拜的人提供住所。

但成也萧何败也萧何。四百年之后，1539 年，亨利八世因一己私欲，下令毁掉了修道院。原属于修道院的财产包括雷丁修道院被全部变卖，变为皇家财产。亨利八世囤积了大量财产，来成就他自己的霸业。

在英国历史上，雷丁因其地理位置的特殊，始终处于交战中心。英国内战期间，保皇派和议会派势不两立。共和党人在伦敦，保皇派在牛津，这样雷丁又一次处于交战中心。据说有一次战争持续 10 天之久，再次毁坏了雷丁修道院。

故事很悲伤，今天我们在原址能看到的只是一些石头。

经历过沉浮的雷丁，因其交通的变化逐渐兴盛。雷丁靠着 Kennet 运河，这条运河在很大程度上推动了雷丁的商业发展，包括纺织、啤酒、煤炭等。

从现在的地图上可以看到，雷丁的西南方向是 Kennet 运河，在 Bath 和 Bristol 之间是雅芳（Avon）运河。这两条运河连接起来，从此打通了从伦敦到 Bristol 的水上运输。这对于雷丁而言非常重要，因为 Bristol 在当时也是一个重要的港口，它可以通往美国以及其他世界各国。也就是从那时起，英国开始了他的海上霸业时代、殖民时代。

1840 年，雷丁已经快速发展。从伦敦到 Bristol 的第一条铁路，即大西部线建成。因为火车，让雷丁处于交通枢纽的位置，可以西达 Bristol，甚至可以到达威尔士，西南到达最南部，北边到达伯明翰。今天仍在使用的这些铁路线都是在 100 多年前建造的。

Palmer 饼干工厂原址大楼

最初的维多利亚时代的雷丁火车站，现在是一个小酒吧。部分仍作为办公室使用。20 世纪 80 年代，雷丁建造了新的火车站，但是不够大，所以 2014 年又建造了新的。不过说句心里话，这个新火车站的规模充其量也就只相当于国内的一个小站。雷丁人自我解释说：“从火车站的变迁可以看到雷丁这座小镇的发展。当然，这个发展速度与中国相比的话，还是太慢了。但是，英国人的发展心态是，在发展的同时，还要保留老的东西，所以，他们会思考如何保留，这样需要的时间就比较长。”

进入 19 世纪之后，雷丁进入了快速发展时代。一百多年前，雷丁以 3B 出名，Biscuit、Beer 和 Bulbs（一家水仙花球茎种子公司），现在都已不复存在。

今天在 town 里依然可以看到 Palmer 饼干工厂原址大楼。Hunterly 是一个烘焙师，Palmer 是一名机械工程师，两个浑然不搭界的人竟然完美地结合在一起，缔造了神奇的 Palmer 饼干。

饼干工厂在当地是一个神话。他们生产、贸易，出口到外地。大量的广告使其成为当时下午茶的专宠，甚至运输到英国在当时世界各地的殖民地。20 世纪 70 年代的时候，由于经济萧条，饼干工厂被迫关闭。Palmer 家族在雷丁地区很有名，雷丁大学的主校区里就有一幢 Palmer Building。

20 世纪六七十年代，雷丁的经济很不景气，很多工厂关闭。20 世纪 90 年代以后，因其地理位置的特殊，铁路、公路、希思罗机场，交通的便利以及相对低廉的成本令很多公司选择入住雷丁的 Green Park 工业园，包括中国的华为。此外还有一个工业园，微软中心在那里，叫做欧洲硅谷。因为这些，雷丁开始变得繁荣。事实上，现在雷丁已经成为英国最富有的地区之一。

Ferbury 花园一角

我们在一个天朗气清的午后，沿 London Rd、King's Rd、Abbey St 来到镇中心。这里的 Reading Abbey Ruins & Forbury Gardens 就是 12 世纪最重要的朝圣地，现已残缺不全。曾几何时，这座具有400年历史的修道院集聚了权势和威望，是雷丁的社会、经济和政治力量的象征。而如今，留给世人的仅仅是 Abbey Gateway 的遗迹。站在残垣废墟之前，黑褐色的石柱向我们无声地历数着历史的沧桑。从这些遗留的框架结构中，依然可以想见当时的繁华与兴旺。雷丁人在两座残垣之间建了一所幼儿园。下午四点的光景，正是放学时。三四岁的稚童，蹦跳而至，嗓音稚嫩，和背后冰冷、沉重、晦暗的古石形成鲜明对比。

离开遗迹，沿石子路返回，就是重新翻新并复制的维多利亚花园结构的 Forbury 花园。花园中心是 Maiwand 狮子雕像。据说这是世界上最雄武的狮子雕像。狮子在英格兰文化中是霸气与勇敢的象征，而这座雕像传说是为了纪念在战争中死去的战士。雕像的基座上刻满了牺牲将士的姓名。

花园一角的一个小土坡上，有亨利一世的纪念碑。同学们四散开来，听 Carrie 老师讲述亨利八世“离婚——砍头——去世——离婚——砍头——活命”的曲折婚姻传奇。如果野史属实，那样一位霸道专横、英武雄壮的帝王在他的内心曾经也会有一个柔软的角落吧?

镇中心仍然幸存着一座 St. Laurence 教堂，这个教堂在当时是给平民百姓用的，保存到今天也是几经修复。教堂旁边是一座市场，在古代供平民、农民来交易，现在只有水泥地了，但仍然叫做 market place。绕过中心地带，可以看到一座高高的红色院墙，那是当时的监狱。据说著名剧作家奥斯卡 · 王尔德曾经在那里待过两年，并写下《雷丁监狱的一首民谣》。现在这里已经不是真正意义上的监狱，不知为何用。

你来不来

黄昏的校园一角

来雷丁之前，我问刚刚从英国学成归来的小王同学，知不知道这所高校？小王的回答很纠结："知道啊，我的前女友的前男友就是雷丁的。"又补充道："很不错的大学。"我莞尔。不过刚到雷丁，我突然发现我也挺纠结的。当然，这是后话了。

作为红砖大学（Red Brick）之一的雷丁大学，六年前首先提出了新的国际化目标，秉承"科研国际化发展、学生国际化流动、教学国际化合作、全民国际化意识"的指导思想，在全英高校国际化发展中独树一帜。

几乎所有国家的高校都想在科研以及招生方面国际化，英国的优势在于国际化声誉、良好的教育、也是英语的母国。调查数据显示，国际学生给全英带来了 107 亿英镑的收入，给英国高等教育提升了 18% 的就业机会。此外，国际学生产生的消费，使得全英每年增加了 17 亿英镑。当然，金融方面的收入并不能真正体现出国际生源给校园带来的全部价值。通过吸收国际学生，让老师到海外去工作，增加了高校教师在海外工作的经验。历届校友到其他国家去工作，有的还当选总统，使得学校与这些国家建立了良好的关系。

相比较，英国国际学生（425,260 人）占本土学生（1,915,015）的 18%。

据估计，在未来的几年之内，国际学生会呈持续增长趋势，但会相对平稳。根据英国文化委员会调查显示，海外招生情况会有所增长，但学生更希望在本国之内进行英语学习，即希望在本土国家开设英语课程。因此，近年来，许多英国高校也尝试在其他国家开设校区，即跨国校区。例如，英国在马来西亚建立了40多所校区，开展教学和科研等方面的合作。今年，雷丁大学马来西亚校区也即将开始招生。

Palmer Building

雷丁大学目前有在校学生17,000多名，有来自150多个国家的留学生4,000多名，全校教职员工4,000多名。学校位于伦敦西南部，离伦敦25分钟的车程，距离希斯罗机场40分钟车程，而且雷丁镇也是欧洲的硅谷。雷丁大学有长期招收国际学生的经验，但招收的国际学生以管理类专业为主。

雷丁大学的国际学生与本土学生比例为23%，高于全英的17.9%。与英国同类大学比较，雷丁大学国际学生的数量在增长，其他高校在下降。从国际学生生源排行来看，中国学生生源排名首位，这点在全英高校都是如此，十分依赖于中国生源。

图书馆外景

近年来，雷丁大学越来越重视中国市场，经常来中国面试和宣传。学生可以通过面试，直接接触老师，了解学校情况，甚至现场拿到Offer。但是，雷丁的入学要求可不低。一般情况下，只需提供GPA和雅思成绩。985、211等一本院校的申请学生，平均分要达到78~80分；二本及以下学校平均分要达到83~85分。雅思成绩6.5分，单项不低于5.5分。个别专业需要7.0分，单项不低于6.0分。

金融类专业非常看重学生的数学成绩和金融分析能力，入学要求相比较其他专业要更高一些。中国Top30大学，平均分达到80分；211大学，平均分85分；其他学校，平均分90分。Henley商学院的管理类课程相对比较好申请，非211的话，平均分80以上，基本也可以录取。雅思则需要7.0分，单项不低于6.5分。不过，作为欧洲最古老的商学院，雷丁的金融专业特别是证券和风投等课程在英国口碑极高，与牛津大学、剑桥大学、伦敦政经、帝国理工、华威大学、伦敦城市大学并称为“金融界七驾马车”。从雷丁金融专业毕业的学生在毕业时可以获得“国际衍生品及固定资产证书”，据说这是学校的招生特色之一。雷丁大学的学生毕业后就有两张证书：一张是学位证书，另一张是职业证书。这对学生求职很有帮助。这也是英国唯一一所同时可以提供学术教育和职业培训的大学。证书是雷丁大学和ICMA中心联合颁发的，受到金融服务署认证。

雷丁大学的申请期限为每年的6月底，学校将在8月底结束招生，额满为止。对于大四的学生，学校会先发放有条件录取通知书，待毕业后转为无条件录取通知书。雷丁的学费一般是1.5~2.2万英镑/年，生活费大概在800英镑/月左右。学校每年会提供约300万奖学金，其中100万用于商学院。对于想勤工助学的21岁以下的学生，学校将提供6.8英镑/小时的工资；大于21岁，则为7~7.4英镑/小时。

从一年制的授课式硕士学生入学情况来看，2005—2006年期间，国际学生参加授课式学生比例为51%，2013—2014年增加到62%。这62%的国际学生中，有三分之一的学生是在本土念的本科，再到英国来读硕士，其中有82%是中国学生。可见，一年制授课很大程度上依赖于中国学生。一年制硕士授课优势在于：课程时间短，高强度学习，可以在一年以后就去工作，同时课程致力于培养学生的创造性思维，对就业帮助大。

在新生初入学时，学校和学联都会安排专门的老师和学生进行辅导，类似于我们的督导。不过说实话，我不知道那些新生是否感受到了这样的关怀与便捷。在我办理入学手续的时候，尽管有国际学院的负责老师亲自带领，我还是感觉到了种种不便，和国内的“一站式”服务相差甚远。我在雨中看着那一个个四处奔波的年轻身影，脸上的焦灼、不安与孤独无助，让我心疼不已，忍不住脑

雷丁大学校门之一

补若是果果来读书的场景，哦，不能想不能想。也许我太矫情。待久了，深刻感受到到国外读书，语言还是第一关，只要语言够熟练，基本没问题。还有就是一定要敢于交流。雷丁的中国留学生很多，上学途中，下课间隙，总会看到中国学生三五成群，乡音四起，其实这点有利有弊。众位慢慢体味吧。

雷丁大学共有 14 处学生宿舍区，分为普通宿舍和包餐宿舍等不同形式，并且有专门为已婚学生、家庭提供的宿舍（Private Accommodation）。有 4 个包伙食的宿舍区（Catered Accommodation），周租从 137.39 英镑到 175.75 英镑不等。共有 872 间房间，房型包括双人间、配备独立洗漱池的单人间和没有洗漱池的单人间。还有 10 个可以自己做饭的宿舍区（Self-Catered Accommodation），共有 4 000 余间不同房型房间，每 6~8 间房间会拥有一个配备完善的公共厨房、休息区，周租从 99.89 英镑到 159.60 英镑不等。宿舍最短租期为一个学期。每所公寓都有自己的洗衣房和干衣机。

学联也会协助学生在校外租私房。外租私房有两种形式：一种是全租，就是房东不在，你就是二房东；另一种是 home stay，和房东吃住在一起，可以深入了解当地的生活习俗。这两种租房形式各有利有弊。我和 host family 相处已有一月余，在之后的《英国房东》里会详细描述房东们的众生相。说起来都是各种累与泪，当然也有笑。这也是为什么我在文章开头说我到了雷丁也满是纠结。

近年来，为了开拓国际市场，英国各高校可谓是使出浑身解数，各出奇招。雷丁大学专门为国际学生设立奖学金，在国外招生时会请在校学生到现场作讲解。在中国香港和北京，雷丁大学招生处会为新生做临行前的指导和培训，以及现场解答。此外，雷丁大学还与历届校友和当地代理机构密切合作，提供2+2 或 2+3 的交流项目。

从 2015 年开始，雷丁大学对国际交流提出了新的口号，将原先的国际化改为全球化，即在自己的国家内实现全球化。具体而言，就是 20% 的本土学生实现全球化流动。本土学生的全球化流动，是指学生在自己国家选修课程。目前这一比例只有 4%，但这是一个良好的起点。此外，雷丁大学努力推进师资国际化或全球化，努力吸收全球师资到学校工作。总的来说，国际化发展不会停止，政策、市场、形势在不断地变化，雷丁也在变化，努力适应新的发展。

平心而论，雷丁的确是个读书的好地方。学校提供一系列的全日制学位课程，涵盖农业、园艺、金融、戏剧等多个研究领域，有 4 个全英优质教学中心。雷丁大学的研究能力在全英甚至全世界都得到认可。2014 年，REF（Research Excellence Framework）评价雷丁为全球领先的研究型大学，其 98% 的研究成果得到了国际同行认可，78% 为国际优秀成果，27% 达到国际尖端水平。2015 年，雷丁大学全球排名 152。

我在到达雷丁之后，拍了照片并发给小王同学，问他来不来？他回答说："等我功成名就，一定来雷丁转一转。"我隐晦地提及他的"ex-"的问题，他思考了一夜，顿悟我的叵测居心，第二天一早认真地回答：雷丁的学术很牛，我希望有一天我的能力与之匹配，方能安心来逛雷丁。

这样说来，我倒是机缘巧合碰上了。亲，我来过了，待过了，日子越久，似乎越来越爱上这里了。你，来不来？

注：The Research Excellence Framework (REF) is a national assessment of research quality coordinated by the Higher Education Funding Council for England (HEFCE).

冒雨迎接习主席的人群

雷丁的雨

Elaine 英语课

雨后校园 21 路车站前蹚水的鸭子

掐指一算，来雷丁的一个月，有将近一半的时间和雨相伴，正是典型的英国气候。一场一场的雨落下来，我也渐渐熟悉了雷丁的生活。

第一场雨是在报到的第一天，淅淅沥沥。大家身着正装，逐一到各幢楼办理入学手续。没有想象中类似于国内的“一站式”服务，我们辗转在各幢大楼，重复着上楼下楼。这时候，真心觉得我们国内高校的迎新真是周到啊！我因为忘记带两寸照片，在学联楼里找了一个自动拍摄机，排队的时候遇到了一个来自国内读研的新生，愁眉苦脸又忿忿不平。据说是已经拍了三次了，校方一直说照片不合格，他嘀嘀咕咕发着牢骚，说要是这次再说不合格就不读啦！我哑然失笑，典型的 90 后啊！不过也是，5 英镑拍一次，这成本也够高的。忍不住安慰了他一番，又指点他的坐姿和面部表情。也不知道他后来的手续办得还顺利吗？这要是在国内，是不是要炸锅了呢？可是这里，没有像国内那样：提前若干天就有接站；到了校园有志愿者领着一路去宿舍；每一个流程、每一个细节都有老师学长嘘寒问暖。一切靠自己，全部走流程。所以，我自己在经历这些烦琐的程序，在一头雾水又无人求助的时候，真是怀念华理的迎新季。

忙碌了一天，总算将手续办理完毕。老师带我们去镇上的中国超市（好像是广东人开的，收银的店员是泰国人）购物，顺便熟悉环境。东西比较齐全，连“老干妈”都有，就是价格太贵。一包一公斤的上海挂面合下来要 22 元人民币，太贵啊！状况出在归途中。第一次乘坐雷丁的公交。那时还没下载 Google map，也不知道该坐几站，迷迷瞪瞪，只看到同行的同学一一下车，最后只剩下自己一个人坐在巴士二层。幸好是临窗的位子，可以看到站牌上的站名。我在心里默念着 Three Tuns，手里紧紧攥着购物袋。九月底的天，车里有空调，而我的手心、脑门都是汗。紧张的。幸而三里屯（Three Tuns）是最后一站，司机会在这站做短暂停留再继续出发。我终于松了一口气，随人群下车。但一下车我就傻眼了，这是一个十字路口，是继续前行还是拐弯，我蒙了。找了半天也没有找到路牌，后来才知道，这条路的路牌就嵌在我身后的房屋的墙上，可当时哪里知道。而且英国的路牌不像上海会标明方向。天色已晚，想找个太阳确定一下东南西北也没有头绪。凭感觉过了马路，一直朝前走。这个决定后来让我再次验证了一个真理，千万不能相信女人认路的直觉！大概走了十多分钟，我实在没有信心继续走下去了，前方的路越来越偏僻，似乎已经偏离了主城区。天色暗了下来，原本停歇的雨又淅淅沥沥起来，四处张望了一下，杳无人烟。我开始发慌。迎面摇摇摆摆晃过来一个黑皮肤，似乎不像良民。瞬间，我本能地转身撒腿就往回奔。约莫往回奔了百余米，遇到一路人，面相比较和善，鼓起勇气赶紧上前问路。他很绅士地领我走了一小段，指明了方向。雨越来越大，一种想哭的冲动。活了一把年纪，竟然如此狼狈，还无从诉说。（我在想，如果是 Dora 的话，她会哭吗？）

因为雨天，等我转到回家的主路上时，天已经基本暗下来了。我不知道原来走这条路必须经过一座教堂，有教堂也就意味着路边是一块墓地。设想一下，大雨的傍晚，路上人烟稀少，一个还算年轻的中年妇女，一手撑伞，一手拎着油盐酱醋米，背着大书包，独自走在异国他乡的这种地方……我不否认，当时我很不争气地边走边流泪，想果果，想果爸，想老爸老妈，想家，想朋友们。有些懦弱是不是？走到家的时候，房东一家正在晚餐，因为要等到他们吃好收拾完我才能用厨房，所以一进门打过招呼我就上楼了。走进房间，楼下传来的西餐的香气和房东一家的欢声笑语就像压垮我的最后一根稻草，令我霎时几乎彻底崩溃。回家路上的所有害怕、委屈、紧张、无措、孤独在那一瞬间突然爆发，我坐在房间的地毯上压抑着声音哭了一场，心里如同窗外的雨，稀里哗啦。初来的头几晚，又是倒时差，又是想家，又是为着一日三餐绞尽脑汁，每晚都是睡睡醒醒，醒醒睡睡。我现在写这些文字的时候，那些熟悉的场景又一一浮现，心口还是一堵一堵的。我不知道那些二十岁出头的小朋友们，远隔重洋，离开父母，不远万里地来到这里求学，在开始的时候是不是也有这样那样的艰辛？

秋叶

当然，或许他们的适应力要强于我。那一场雨，想来也是蛮应景的。

初来的第一场雨，在第二天就以艳阳天告终。之后，天气一直很给力，总是碧空万里，随手一拍，都是如画的美景。都忘记了霾字怎么写。

渐渐适应了这里安宁纯粹的乡村学生生活。和果果视频的时候也逐渐能够心平气和恢复了我往日的从容。

10 月下旬的时候，习主席访英。我们作为在英的留学人员自然按捺不住心中的激动，早早地自发赶去伦敦迎接。因为担心路上堵车，我们选择在早晨六点从学校出发，这也意味着，我们中的大多数人要五点不到就从家里出发。我的住处离学校不远，说好等路远的同学过来时汇合一起步行过去。结果同学坐过了站，等发现时，已经距离约定时间过了十多分钟。我咬咬牙，只能硬着头皮往学校冲。凌晨四五点的乡村，一路上黑魆魆的，远远地有民宅的门灯闪着昏黄的光晕。我选择逆向奔走，这样可以保证身后不会有车。一点小小的动静都会让我感觉心惊胆战，尤其是路过那家教堂的时候。我一手撑伞，一手打开手机里的电筒照明，连奔带跑，又急又怕，原本半小时的路程，我竟然花了十多分钟就到了校门！人的潜力真是无穷的。远远地看着 Whiteknights Lake，两腿发软怎么都无法向前。虽然那天下大雨，但是一到唐宁街，我们就高举五星红旗，挥舞着手中的旗帜，高喊着口号，在大雨中恣意地抒发着对祖国的眷恋与热爱。在国内的时候，我们只是耳闻，而一旦当我们亲历，才会明白祖国的强大对每一位中华儿女而言是多么有力的后盾。大雨一直没有停歇，我们的歌声、口号也一直在雨中飞扬。嗓子喊哑了，就吹小喇叭；衣服湿透了，就披两件雨衣。来自佛山武馆的勇士们用精彩的舞狮大大激发着现场每位中国人的爱国之情。真是热血沸腾啊！这场雨，让我们更加清醒地认识到祖国的强盛对每一位中国人的意义。彼时我的脑海中一直萦绕着《少年中国说》中的“红日初升，其道大光；河出伏流，一泻汪洋；潜龙腾渊，鳞爪飞扬；乳虎啸谷，百兽震惶；鹰隼试翼，风尘吸张；奇花初胎，矞矞皇皇；干将发硎，有作其芒；天戴其苍，地履其黄；纵有千古，横有八荒；前途似海，来日方长。”不知是在什么时候，《星岛日报》的记者抢拍下了当时的场景，镜头里的我们，平静理性，秩序井然。后来，这张照片被星岛转载，继而又被《泰晤士报》刊出。也算是这次来英国的一大惊喜了吧。

之后，回到校园，雷丁似乎又一下子进入雨季。像是恢复到十月初，接天的雨。不同的是，气温有了明显的划分。我们已经适应了雷丁的生活。

印象中雨几乎下了整整一周，运动鞋是湿了又干，干了又湿。那几天大家一下课就直奔迪卡侬，卖得最好的是防水的冲锋衣和防水的运动鞋。语言课老师Elaine是一个优雅的英国老太太，奔七十了，还是每天踩着高跟鞋，披着丝巾，搭配衣服戴着不同的配饰，仪态万方地走进教室，温文尔雅地问我们是否看到了cats和dogs？（倾盆大雨：It rains cats and dogs.）我们都在下面忙着拧干衣服，脱鞋脱袜，擦书包，老太太见状，狡黠一下说，今天课程一起去室外踩水塘可好？台下的我们一片嗷嗷，而后看到老太太弯起的嘴角，不由会心一笑。课堂话题也就自然地扯到了英国的天气，从sunshine到rainy，从fog、mist到smog，聊天式的互动教学伴随着角色扮演，我们完全沉浸在英语的世界里。老太太的发音吐词极其精准，你若是读音不准，她会不厌其烦一遍遍地纠正。不知不觉就接收了一堆新单词新语法，了解了英国的历史民情风俗，对话间不知不觉也是一口"英片子"。好像是一种自然的代入，就习惯了每天早起听些英语，和同学对话的时候，总是不自觉地脱口而出ABC。就像是那绵长的雨，一点一滴于无声处浸润着大地。开始习惯了这样的生活与雷丁的节奏，不再如同初来时那般茫然无措，也不必每天为了三餐而奔忙；有了新的朋友，可以开始有闲暇泡图书馆，去阅览室看小说下电影；可以悠闲地在校园溜达，喂野鸭，顺带探望一下那几只伶俐的狐狸；可以开始肆无忌惮地登录数据库查询资料，也可以发邮件预约老师私聊答疑……像是回到当年的学生时代。一帅、小熊、夏大大，现在的我是不是比你们还学生？不知道爱学习的周玮会不会也作如是想。

十一月的雷丁，已是深秋的景象。还是几乎每天的雨。冰冰凉凉的雨丝，绵绵密密。一场秋雨一场凉。树叶也从初来时的碧绿青葱转为深红、金黄，渗透茎脉的成熟魅惑。暖气已经开起，屋内热火朝天，室外却是清新冰冷，一地金黄，只有那些彩色的树叶在秋风中旋转、飞扬，向世界惊艳它最后的舞姿。我们已经着手最后的研修报告，开始了选题、讨论、查资料、访谈、列提纲、执笔；等等。

归期近了。

牛津导学

在牛津，大学是公立的，学院是私立的，两者结合在一起，彼此之间的关系就像美国中央政府与地方政府的关系那样采用联邦制形式。大学的责任就是对学位课程进行规划、提供讲座、实验及其他相关课程；向学生提供诸如图书馆、博物馆、体育运动场所等公共设施；学位考核及颁发。而学院的责任在于招收学生；为学生提供住宿、膳食、社交活动（包括酒会）、体育运动设施等；实行导师制教学；学术以及生活的全方位关怀；组织并提供个别辅导。

一年一度的学院晚宴

牛津圣安妮学院 St Anne's College

作为独立的各个学院，会从各个方面为学生提供多方位的支持（support），以帮助他们尽快适应大学生活。这种支持涵盖了从申请入校、录取入学、福利关怀、课余校园活动、学术指导、职业生涯规划，以及其他诸如住宿、财务等各个方面。

以牛津圣安妮（St Anne's College）学院为例。学院的招生宗旨就是：在全球范围内挑选所有有潜力并且有意愿来牛津的学生。为此，学院专门雇用专职的联络官员与各所学校保持联系，学生可以通过开放日活动、与学长对话以及电邮联络官员三种途径了解学院，从而提出申请。学院网站上不但有在校学生拍摄的宣传片，还有海量信息供申请者浏览。

对于海外学生，圣安妮的总体要求是：Should be clear，Should be detailed，Should be about you，Should include predicted grades。是否具有潜力是学院最为看重的，但是，Above all，don't make it up！

英国高等教育规定，上大学不需再进行入学考试，凭中学成绩即可申请。但牛津和剑桥还需单独报名。一般在入学前一年，成绩优异的中学生在获得中学校长推荐后即可报名申请，然后学校按照 1：3 到 1：5 的比例进行初步筛选。部分热门专业，例如医学的比例可能会达到 1：10。

学生在申请时，可以事先选定学院，或者由学校随机分配，但必须确定好专业。学院拥有完全独立的自主招生权。获得牛津预录取的学生在年底要参加学院的初步考试，包括笔试和面试。通过考试后，可以拿到有条件录取，在次

津基督教堂学院 Christ Church
就是电影《哈利 · 波特》中的魔法学院哦）

年的毕业考试中，获得三门主课全 A，即可准备假期后入学了。

新生在入学后要接受为期一周的入学教育，和国内的新生入学教育周类似。在这周中，学校会安排各种活动，主要还是由高级导师（senior tutor）告知学生如何学习，要学会独立学习，对自己的学习负责。他们会告诉新生，在学习过程中如何从熟悉到不熟悉再到熟悉，如何尽快适应新的环境，如何与周边的同学相处，如何适应牛津的学习方式（独立、自立、学会提问、论文写作、辩论等）。

在新生教育周还提供关于医疗保险、心理咨询以及对残疾学生的帮助。学院分别设置有负责生活方面和学习方面的系主任，在宿舍区会设有宿管（domestic nursery）以及住宿经理 / 助理，也有专职的打扫人员（scout），大约每 10 名学生配备 1 名，专门照顾学生的生活，替他们整理床铺、打扫房间。每天早晨负责叫醒睡懒觉的学生，检查学生是否按时去上课。当然，如果发现学生生病，也会第一时间帮忙联系治疗。

每位新生都会收到学院关于各个模块负责人的联系方式。每位新生都可以享受牛津覆盖全校范围的学生福利，涵盖了学术、生活、人际交往等各个方面，无所不用其极。学生的课余生活丰富多彩，全校有数百个学生社团，像圣安妮学院大概有 50 个学生社团。只要你有兴趣，随时可以参加，也可以自行组建。

在职业生涯规划方面，牛津的做法和国内差不多。学院为学生提供实习机会，为创业学生提供指导，由优秀校友指导学生等。

而至于其他的诸如奖学金、助学金等，牛津的金额为全英之冠。各学院同时也有不同种类的基金，帮助有需要的学生。针对研究生的知名的奖学金包括罗德奖学金、韦登菲尔德奖学金、克拉伦登奖学金等。近些年来，针对中国学生的奖学金包括中国牛津奖学金、中国教育部及牛津奖学金、太盟牛津奖学金、牛津大学裘槎奖学金等，金额同样不菲。

牛津大学校长安德鲁 · 汉密尔顿曾经说过："大学精神的核心有两点，第一是在每件事情上对卓越的追求，第二是自由而公开的辩论。"正因如此，牛津才能够作为英美国家大学的源头所在，享有崇高的地位。在牛津人眼里，其引以为傲的"导师制"正是推动大学精神的助力之一。

导师制是牛津大学本科教学的特色。每一位学生刚入校，就会被安排一名导师进行一对一辅导。一名导师同时结对 6~12 名学生。导师多由本学院品学俱佳且在研究领域有一定建树的研究人员担任，如果本学院导师人数不够，学院

Kable College

基督教堂 Great Hall

St Anne's College

会另行聘请其他学院的教师、博士、博士后担任导师。学院制在牛津已经拥有800 多年历史，各个学院之间的教学资源共享，这样可以使得学生接受不同的观点和不同的教学方法，了解和熟悉不同学科的观点及思维方法，利于学生的学习。导师主要负责制订和监控学生的学习计划，为他们提供辅导课、小组讨论，从学习、生活等任何方面给予关心。在牛津，这样的关心被称为“pastoral care”。这样的小组教学模式的优势在于，可以鼓励学生进行独立思考；可以促进师生间更加集中透彻的了解与互动；教师对学生的指导更加弹性化与深入；更加强调有助于对学生的反馈及评价；更加有助于激发学生的个人兴趣及学习热情。

导师制的最基本的要求就是撰写周论文，可以是学术论文，也可以是读书体会。学生被要求每周与导师见一次面，导师会根据每位学生的实际情况制订一个详细的、个性化的个人学习计划，提供一个相关的论文题目、一本书和一份参考文献目录，要求学生在规定的时间内完成所提供书目的阅读，并按要求写出论文。学生完成论文后，要在随后的辅导课上将自己的论文和研究心得向导师宣读，并详细解释自己的观点及思路，导师随时提问，很多时候都会被追问到答不出为止。之后导师会指导学生下一步的研究方向及研究思路。除此之外，导师还会与学生讨论学习与生活中遇到的问题，以及辅导并帮助学生准备各种考试。此外，学校还会为学生提供各类讲座，学生可以根据自己的兴趣参加。在讲座过程中，无论年级，无论身份，每个人都可以自由发言，平等辩论，但讲座结束后，还是要撰写论文。类似这样的辅导一周一次，也可以根据实际情况减少次数或者更加频繁。

辅导的地点多为导师的办公室、小教室或者实验室。上课时间、地点、形式、方式灵活多变，完全由师生自定，因人而异。但辅导的最终目的仍然是希望通过论文的写作、讨论、争辩的过程培养学生独立思考、解决问题的能力，以及领悟学术研究的方法和模式。

牛津的大型考试很少，一般情况下，只有一年级和四年级有考试，其余课程基本都是以论文或者报告为主。学院会在每学期开学前一周的周五就上一学期的学习内容组织一次考试，考试成绩与毕业成绩无关，其主要目的是为了再次总结之前所学，让学生巩固之前的知识，为新学期打基础。

学院规定学生的成绩必须维持在能够被接受的状态。所有导师都会登陆学院的在线辅导汇报系统（OXCORT），将学生的所有情况，包括成绩、思想动态、心理、行为表现等一一记录在案。如果学生的成绩或者表现不好，导师要正式写信给专门的高级导师，之后，院长、高级导师会身着正式的导师服与学生面谈。学生可以向学院说明原因，学院可以酌情考虑给予对方改过机会；如果学生的陈述不符合学院规定的任一条件，则开除。

成绩优异的学生，学院会给予象征意义的奖学金 15 英镑，而且该生可以身着比普通同学长一点的学士袍，并且可以与院长、导师们参与一年一次的学院晚宴，不限名额。想一想，这种精神上的荣耀远比物质奖励更加吸引人。

牛津大学导师制最初产生于 14 世纪，导师主要是学生在道德和经济方面的保护人。19 世纪大学考试制度改革之后，导师制才逐渐开始成为一种“以学院为依托、以本科教学为主导、以导师个别教学”为主要特征的教学制度。经过一百多年的发展，导师制愈加向学科化、学术化、多元化发展。

当然，今天的导师制与当初相比，已经有了很大的改变，一对一已经成为历史，现在的辅导多为一对多，大多数是 3 人或者 4 人小组。一名导师可能同时要辅导不同年级的数十名学生。阅读似乎也没有过去那样精深，因为网络等通信工具的发达，在辅导的过程中，往往会直奔主题，而不再像过去那样进行深入的研讨。同时，由于导师制的成本昂贵（一名牛津大学的本科学生每学年导师制需要花费 1.7 万英镑左右），经济因素将会成为导师制最大的“坎儿”。但不管如何，导师制依然保留了它的魅力。牛津人依然会将导师制的延续作为牛津精神的有力佐证。在辅导讨论的过程中，学生可以在与导师的争辩中逐渐领会导师的研究思想，学会据理力争证明自己的观点，在辩论的过程中进行思想火花的碰撞，在一次次的质疑、反驳中抽丝剥茧找到研究的逻辑。学生不再是通常意义上被动的知识接受者，而是一名主动的、积极的参与者。

和中国儒学的三纲八目相比，牛津的导师制更多的是追求一种自由教育的精神。学校期望能够将学生培养成为具有独立人格、能够独立思考的人，对学术的探究坚韧不拔、矢志不移；对真理的追求持之以恒、锲而不舍；以及晏然自若、不矜不伐的气质。也许，这也就是为什么这所古老的大学历经近千年依然长盛不衰的根本原因吧。

牛津精神

牛津全景

牛津人一直将精益求精和自由开放作为牛津精神为之传承，百世不易。我们在牛津的 Educational Visit 只有短短的一天，上午是圣安妮学院副院长的讲座，下午是 Oxford Tour。要想在 8 小时之内就能深刻体会牛津精神，似乎有些不现实，不过，在牛津的几个小片段倒是让我对牛津有了更进一步的认识。

之一。圣安妮学院的副院长 Dr Robert Chard 是一名六十多岁的美国人，长得慈眉善目。当我们得知他从事东方学研究，且主攻中国历史的时候，顿时觉得他的面相愈加中国化。令人震惊的是，当介绍到他本人时，他站起来，用一口流利的中文进行了自我介绍。技惊四座，只听得耳边不停的抽气声。你说一美国人会说中文也就罢了，你要是说得洋泾浜一点，平仄不分，我们还能接受，关键是这位老先生，字正腔圆，比我们在座的好多中国人说得还标准。看着这一张典型的西方面孔，再听那纯正的京腔，绝对的违和啊违和，不忍直视。讲了几句英语之后，他索性说，嗨，我还是用中文讲吧。遇到比较复杂的问题，他会主动将其翻译成英文给他的同事。讲座结束后，合影时，问起他的中文为何如此纯熟，他一副理所当然："我都六十多了，我从 20 世纪 70 年代在美国开始学中文，都学了四十多年了。"老先生每年来中国六七次，对中国的发展了如指掌，尤其熟悉中国各大高校。有老师自我介绍来自中国农业大学，他不假思索地答道："我对南农比较熟。"众人不禁咋舌。更有劲的是，当得知我来自上海时，他脱口而出"侬是上海宁"。在我还没缓过神来的时候，他又解释道："你知道的，那个时候在上海坐车，要是你不会说上海话，他们会认为你是外地人。"注意，这里的"外地人"，他用的是纯正的上海话！可是，那什么，您不说话，

Cloisters

牛津叹息桥

别人也知道您是外地人（外国人）啊！违和违和绝对的违和啊！后来单独和他交流时，老先生告诉我，为了学好中文，他离开美国在中国台湾待过一阵。因为研究的是中国历史，所以“更要将基本学好”。问及他现在所带学生，他说按照牛津的导师制，他同时辅导十余名学生，也有中国学生。会严格按照导师制的要求，每周与学生面对面交流，指导其学术，也会将学生质疑得无所适从，然后又耐心指点其研究思路。就是在这样的一辩一驳中，将自己的研究心得、研究思想潜移默化地灌输给学生，如斯传承衣钵。问到现在学生的毕业去向，老先生快言快语：“哪里都去啊，好多企业，不一定做学术研究的。做事首先要有兴趣，然后再坚持。哪儿都能成功的。”我不清楚最初老先生学习中文的初衷是什么，但是将近半个世纪坚持下来，他俨然比大部分中国人还要熟悉中国，就像一个入世者，站在东方与西方的交界，泰然自若，严谨地剖析着历史，以告世人。或者，他最终选择牛津，就是因着牛津倡导的那种执着吧。

之二。和国内大学最大的区别，牛津大学没有大门和围墙，甚至连一块正式的门牌也没有，街道穿校而过，牛津城与大学互相融为一体，不知是城市包容了学校，还是学校环绕了城市。放眼望去，入目皆是一座座类似四合院的院墙，中世纪的建筑风格，黑黄的砖石上留着岁月的斑驳。据说每一座四合院就是一个学院。这种修院式设计恐怕与当初牛津的成立初衷相关。据传，1167 年，当时的英格兰国王与法兰西国王发生争吵，一怒之下，把寄读于巴黎大学的所有

牛津大学自然历史博物馆
Oxford University Museum of Natural History

皮特河流博物馆
Pitt Rivers Museum

学者全部召回，勒令不得再去巴黎（当然，也有一种说法是法兰西国王将英国学者赶回了英国）。但不管如何，这些学者从巴黎回到英国后，就聚集在牛津，在天主教本笃会的帮助下，从事经院哲学的教学与研究。牛津因此成为“总学”，这即是牛津的前身。正因如此，牛津大学带着浓重的宗教色彩。数百年来，这些建筑历经风雨，几经变化，但依然保留着当初的原有特色，庭院里的植被依然绿意葱茏。

牛津大学目前共有 6 个学部，39 个学院。大多数学院都成立于 13 到 16 世纪。大学共有 104 个图书馆，其中最大的博德利图书馆（Bodleian Library）是英国第二大图书馆，于 1602 年开放，仅次于大不列颠图书馆，比大英博物馆的图书馆还要早上 150 年。图书馆现有藏书 600 多万册，据说，根据 1611 年英国书业公所的决定，英国任何一家出版社出版的图书都必须免费提供一册给牛津（还有剑桥），一直延续至今。如此利好的学习氛围，作为牛津人，自然是获益颇多的。当我们穿梭在各大学院里的时候，不对外开放区域往往就是学院的图书馆。默默地驻足在窗外，透过中世纪的玻璃，可以清楚地看到图书馆内众多的藏书，书架上的书一直摆放到屋顶。阿敏诧异他们如何取书，却在转眼瞥见书架旁安然摆放的折叠人字梯，这是不是用来取书的工具呢？馆内的学生或奋笔疾书，或伫立在书架前寻找，或安于一隅翻看着手中的书籍，也有低声交谈的，偶尔也有放下书本靠在门口暂时休息一下的。

2015 年国庆的时候，商之潮曾经推出一期《想和你一起走过的上海》邀约一起相遇在最美的华理。彼时我刚到雷丁不久，恨不得立刻飞回华理，在我大奉贤图文中心高大的落地窗旁，清啜一口咖啡，翻一两页小书，无意间抬头，发现镜湖的落日好美。记得当时阿井跟帖嘲弄我矫情，说英国的咖啡更多更好喝。我还与他争辩一番，告诫他不要因为上了伦敦政经就忘记了华理。而现在，我承认，我动心了，我也好想溜达进去，近距离地摸一摸那些古老或簇新的书，坐一坐也许当年哪位名人曾经坐过的位子。可惜我只有华理和雷丁的校园卡，只能艳羡地看着那些意气风发的脸庞，脑补着图书馆内的场景，权当进去过，幻想着似乎在鼻尖萦绕的书香。所以说，牛津人有其独特的优势，加之学校一直倡导的追求卓越的精神，这些图书馆对他们而言也是得天独厚的天时地利了。

自然历史博物馆内的恐龙化石

博物馆内的现场授课

之三。在牛津，博物馆也是其重要的文化代表。三步两步一抬头，也许就是一座博物馆。据说建于 1683 年的阿什莫林博物馆（Ashmolean Museum）是英国的第一座博物馆，比大英博物馆还早了 70 年。因为时间关系，我们就近参观了牛津大学自然历史博物馆（Oxford University Museum of Natural History）和皮特河流博物馆（Pitt Rivers Museum）。自然历史博物馆建于 1860 年，馆内陈列着巨大的恐龙化石，还有各种自然生物的标本、化石，以及其他大量的人类学藏品。展品分门别类，或露天呈放，或有玻璃柜珍藏。高挑大厅上方，是大片的玻璃天花板，自然光透过玻璃投射下来，给馆内的藏品打上一层自然的光晕。此种视觉的震撼自不必赘述。而最令我感慨万分的，是围坐在各个展品或展柜前，悉心听取工作人员讲解的小学生或中学生们。英国的中小学教学大纲里，规定各博物馆都必须向学校开放，供学生学习自然、历史之用。更有甚者，博物馆会安排专门的讲解员，将真品拿到学校，当面为学生讲解，抑或由学校组织学生实地上课。那天，我看到一群小学生模样的孩子，围坐在一副恐龙化石前，人群中间的空地上摆放着几张恐龙骨骼的拼图。老师（或者讲解员）认真地授课，孩子们不时抬头看看正前方的恐龙化石，偶尔打闹一番，吃吃而笑。讲解结束后，老师突然将拼图全部打乱，低低说了一句，估计是要孩子们在规定时间内将拼图复原吧，孩子们惊叫一声，扑上前去，又

爱丽丝的兔子洞

是一番手忙脚乱。我静静地立在旁边，不觉笑出了声。其实这样的教学方式几年前在参观卢浮宫的时候，就已经见过。那时，也是老师们领着小学生、中学生，甚至还有幼儿园的小朋友，也是一群一群的，围坐在某一幅画前，一边听着讲解，一边用画笔描摹。我自然是很欣赏和羡慕这样的教学方法，情景教学？用这样的方法教出的学生，他 / 她的人文素养想必不会太差吧？同行的超哥嘀嘀咕咕，说其实他最大的愿望就是能够整天陪着儿子待在这样的地方，细细看、慢慢赏，久而久之，就是浑然天成浸透骨髓的人文气质了。

在过去的岁月里，牛津大学培养出了众多的社会名人，包括 26 位英国首相、47 位诺贝尔奖得主，以及多国的领导人物与政治要员。至于那些叱咤各个研究领域的知名学者更是数不胜数。很多耳熟能详的作品都诞生于此或与此相关。

例如，果果曾一度热衷《爱丽丝梦游仙境》（*Alice's Adventures in Wonderland*），其实爱丽丝本人就是当时牛津基督教会学院院长的二女儿。作者道格森（Charles Lutwidge Dodgson，卡罗尔 Lewis Carroll 是他笔名）毕业于基督教会学院，之后在学校教授数学。闲暇之余，经常与小女孩儿们玩耍，便以孩子们为模特编撰了许多有趣的故事。故事的背景自然是牛津城。有幸的同学甚至在参观基督教会学院的时候，亲眼见证了那个爱丽丝的兔子洞，就在一扇小门之后。我所求非人，也只是在古色古香的城堡回廊以及学院大饭堂，就是《哈利 · 波特》中霍格沃茨学校的四周半空燃满蜡烛的餐厅游览了一圈，当然也看到了餐厅左手边第五块玻璃上《爱丽丝梦游仙境》里的兔子等卡通形象。也算圆满了。

我们大概花半天时间，游走了五六个学院，每个学院都有其各自的特征，同时又保留着历史的共性。每到一处，都会不由自主地追寻那些历史名人的痕迹。Carrie 老师说，牛津城里见到的大部分都是游客，真正的牛津学生、学者们都在埋头苦读做研究。对此我是深信不疑的，因为短短半天的游览，却也让我对牛津有了不深不浅的印象。一些不经意的细节，都会让我对牛津精益求精、追求卓越、公开自由的精神有所领悟。

美中不足的是，当我们停留在每个学院门口考虑买多少门票进去参观时，面对那些一板一眼收钱的售票员，不觉有些格格不入的气馁。今天的牛津，是不是有些市侩化了呢？也许，这带着些微瑕疵的牛津，才是今天更真实的牛津。

约克大教堂

邂逅之城

约克街头

从英格兰一路向北，向苏格兰进发，两旁的景色逐渐有了北方的清冷与粗犷。因着行程匆忙，由南到北由北到南，很多熟悉的城市也就一晃而过，只留下邂逅之余的无穷念想。

之一，约克（York）。约克位于英格兰东北部，是北约克郡的首府，位于福斯河（River Forth）与乌斯河（Ouse River）交汇处，有着将近2000年的历史。这座小城与罗马帝国和维京人有着极深的渊源，早在公元71年，约克即建城，一度曾是罗马不列颠（Britannia Inferior）的首府，也是古罗马的重要军事基地，历经盖尔人、罗马人、盎格鲁人、丹麦人，一直到诺曼人。

7世纪的时候，为了抵御外敌，罗马人以约克大教堂为中心，建造了长达5公里的正方形城墙。其实说到约克，不得不让人联想到纽约（New York）。而事实也的确证明了两座城市之间的渊源。早在1613年，荷兰人就开始了在曼哈顿岛的贸易活动，十年之后，荷兰人对曼哈顿进行了殖民统治，将其更名为“新阿姆斯特丹”，即在自己首都名称前加了一个“新”字。1651年，英荷战争爆发。1664年，荷兰人战败，英国远征军占领新阿姆斯特丹之后，沿用荷兰人的命名方法，在当时英国首都的名称前也加了一个“新”字，即今天的纽约。

约克城不大，一眼望得到头的感觉。最热闹的莫过于约克大教堂四周，那里是城中心。Stonegate、High Peterstreet等小巷横七竖八地交错在四周，小巷两旁保留了许多中古时代的房屋，如今都已改为一间间商铺，自是一番繁华热闹。有来自欧洲的背包客，见我们惊叹城市建筑，热情地停住脚步，随意指着房屋墙上的红砖，告诉我们刻在砖石上的那个数字其实就是建造的年份。算来也是好几个世纪了。

我们用最快的速度疾走在城里，饶有兴致地参观了约克的国家铁路博物馆（National Railway Museum)，进门就是果最爱的托马斯。馆内陈列着各个历史时期的列车，自是述说着这座城市交通的发展及其兴亡更替。

如今，千年之前的战火早已在历史的长河中烟消云散，徒留那一座无声矗立的城墙。临别时，沿城墙拾阶而上，抚摸着城墙上的砖块，感觉到了历史的厚重。天色暗了一些，心情也凝重起来。突然很无厘头地想到，若是此刻能够吃上一个著名的约克郡布丁，含上一块约克巧克力，是不是就可以坦然地享受午后时光，轻松地坐看云起云落？

远处，红色的仿古铛铛车一路欢唱。

约克国家铁路博物馆（National Railway Museum）

约克街头　因弗内斯城堡

之二，纽卡斯尔（Newcastle）。大巴一路向北，苏格兰之行的第一晚我们入住纽卡斯尔。这是英格兰东北部的第一大港，盛产羊毛和煤矿，可以说，这是一座采矿小城。英文里有一句俗语：Carrying coal to Newcastle（运煤去纽卡斯尔），比喻多此一举。从中也可看出煤炭在这座城市发展历史上的重要性。想象中的煤矿之城，应当是灰色的，或许连空气中都会漂浮着煤灰。然而，当疾驰在 A1 高速公路上，离城市愈来愈近时，映入眼帘的是漂亮的人行桥、时髦的艺术中心，完全一幅文化中心的架势。

因为只是暂居一晚，我们无法进入市中心细细参观，只能坐在车里从城市外围远观。其实这座城市对我最大的吸引力有两样东西，一是北方天使（Angel of the North），再一个是哈德良长城（The Hadrian Wall）。

北方天使是著名的北英格兰地标，矗立在泰恩河南岸、1960 年以前纽斯卡尔最有名的产煤区 Gateshead 最高的山坡上。远远看到展翅的建筑的时候，大巴司机 Tony 很善解人意地放慢了车速，他颇为自豪地吆喝大家赶紧拍照。彼时正是黄昏，夕阳的光影斜斜地照射在天使身上，使得原本黑乎乎的雕像蒙上了一层黄色的光晕，静静地仰视着她，一刹那的感觉，似乎懵懂的游人撞进了精灵的幻景里，颠倒了魂魄，只余一丝清明，却也是渴望与之一起展翅高飞，翱翔天外。据说天使的翅膀展开各有 50 米长，所有材质均来自当地原本没落的煤矿业铸造的钢铁。这座天使的建成，不仅给当地带来了大量的就业机会，同时也拉动了当地的旅游业，使得今天的纽斯卡尔成为一座文化艺术重镇。

公元 43 年，罗马军队入侵不列颠，但只占领到今天的英格兰地区，由于北方苏格兰人的屡次进犯，罗马军队难以继续北上。到贤帝哈德良统治时期（公元 117~138 年），罗马帝国的疆域扩张已基本完成。哈德良下令停止对外扩张，开始谋求和平。在此背景下，哈德良皇帝下令修建长城，并以此为界线，长城以南，是接受了罗马教化的“文明人”，长城以北，是尚未开化的“野蛮人”（Barbarian）。这在当时是一项惊人的浩大工程，由 3 个罗马军团耗时 6 年建成。尽管其规模与咱家的万里长城不可同日而语，但在当时，却是罗马政权的象征，它向世人展示着罗马帝国的繁荣与富庶。今天的哈德良长城，由于自然侵蚀和某些人为的破坏，已成残迹。但依然可以从其残垣断壁中，想见当年的恢宏气势。一梦浮生未觉，非关岁月无情。

大巴穿城而过，我亦只能半眯着眼，在心中神游。

尼斯湖（Loch Ness）

尼斯湖水怪（Nessie）

之三，因弗内斯（Inverness）。这是苏格兰最北方的城市，历史上是高地地区的首府。盖尔语里写作 Inbhir Nis，意为尼斯河口。我对它所有的印象，只因尼斯湖。站在因弗内斯城堡前的高地上，看尼斯湖缓缓地流过，阳光穿透云层，把河岸分成明显的两半，一半晴朗明亮，一半深沉凝重，颇有点一半火焰一半海水的味道。远处的古老教堂、公路桥、高架铁路桥，都见证着这座小城的历史与发展。

从因弗内斯驱车，大约半小时，即到达传说中诡异又旖旎的尼斯湖（Loch Ness）。印象中，当我还是小学生时，就听说了关于水怪的种种传闻，临近湖边，有些激动与雀跃。湖边的景色明显具有高地的特征。这条英国第三大淡水湖，隐藏在苏格兰高地的大峡谷断层北面，终年不冻，两岸绝壁奇峰，长林丰草。据说，湖水平均深度达到 200 米，最深的地方将近 300 米。

没有想象中的惊骇场景。站在岸边眺望湖中心的废弃城堡，一种绝望的凄凉之美。谁也不知道这座城堡建于何时，曾经隶属何人，不知道传说中的水怪是否曾经光顾？湛蓝的湖水静静地向岸边蔓延，平静无波。远处湖水与天空交界的地方，蓝色渐渐淡去，换成空中的蔚蓝色，浮着大朵大朵的白云。湖面明净，像锦缎一样闪耀着金色的光芒。岸边的土埂上，开着不知名的野花，在秋日的阳光下昂首怒放。仿佛乱花迷眼，一湖一堡一怪，以其独有的方式微妙地融合在一起，竟然是一种均衡与适宜的感觉。

唯一不足的是，尽管科学证明，传说了千余年的水怪其实并不存在，但是可爱的英国人依然拒绝承认这个事实。他们坚信水怪仍寄宿在湖底，只是随着年岁的增长，愈加温柔，所以他们都亲昵地称之为“Nessie（尼西）”。为了证明，英国人在湖边圈了一块地，挖了一个小湖，湖里安放了一个尼西的雕像。人工湖周边用木板拦起，需要支付一定数额的英镑才能进去合影。令人惊讶的是，这些木板也只有半人高，我们当然不会付钱，只是在外围拍了些照片，也算是到此一游了吧。

之四，格拉斯哥（Glasgow）。这是苏格兰最大的城市，同时也是英国第三大城市。我对格拉斯哥的所有认知均来自格拉斯哥大学（University of Glasgow）。作为一名半吊子的经济学学生，我曾经非常崇拜亚当 · 斯密。1723—1740 年，亚当 · 斯密在格拉斯哥大学求学，1750 年之后，担任该校教授。在此期间，他出版了《道德情操论》，这部著作获得业界极高评价。此后，他开始着手撰写《国民财富的性质和原因的研究》，即《国富论》，并于 1773 年完成。1776 年《国富论》出版后，立即掀起了讨论热潮，这股国富之风迅速席卷了英国，并蔓延至欧洲大陆及美国。亚当 · 斯密也因其那“看不见的手”而名噪一时，被世人尊称为“现代经济学之父”“自由企业的守护神”。

亚当 · 斯密在 1787—1789 年期间，担任格拉斯哥大学校长一职。他的经济思想体系结构严密，论证有力，是古典经济学说的代表人物。我很想去趟格拉斯哥大学，近距离地膜拜一下这位伟人。无奈课程安排紧张，我也只能漫步在夜色中的格拉斯哥郊外，权当一场擦肩而过的邂逅。

之五，利物浦（Liverpool）。读书的时候，记得有一年学校思想学术节举办了一场知识竞猜比赛，在赛点的时候，主持人发问：请说出披头士乐队四位成员的姓名。当时可以容纳 1 200 人的大礼堂一下子寂静无声，只听得计时器嘀嘀嗒嗒，场上队员与场下后援团一筹莫展。眼看就要与胜利失之交臂，隔壁班一个男生如有神助突然醒悟，大声呼出：“约翰 · 列侬（John Lennon）、保罗 · 麦卡特尼（Paul McCartney）、乔治 · 哈里森（George Harrison）、林戈 · 斯塔尔（Ringo Starr）”。全场欢呼。那一刻的惊心动魄也让我记住了披头士乐队，记住了他们所在的城市——利物浦。

想象中的利物浦，应该是一座清新、活跃，带着音符的灵动和繁华的港口

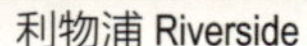
利物浦 Riverside

利物浦 Canning Dock

Beatles 纪念馆

城市。事与愿违。站在 Riverside，尽管这里的码头上游人如织，但明显能看出人工雕琢的痕迹。旧时的船坞码头已经被改造为今天的类似于新天地的休闲场所。与隔街相望的一栋栋古老的楼房形成鲜明的对比。天气也不太好，灰蒙蒙的，更是有一种说不出的压抑。唯有 Dock 中环水的一圈红色木柱，给晦涩的天空添了一丝亮色。

心心念想去看看列侬的纪念馆，在商场里七拐八拐，总算找到了入口。1956 年，甲壳虫乐队在利物浦开始了他们的音乐之旅，可惜在那颗罪恶的子弹射出之后，乐队也就成了所有歌迷心中永不凋零的梦，留下的唯有那些脍炙人口的旋律。

利物浦是英国第五大城市，也是第二大港口，其与中国的贸易往来可以追溯到清朝，直到今天，城内依然保留着欧洲最古老的中国城。城内的建筑风格多样，从 16 世纪的都铎风格到现代元素，历史与现代的融合在这座城市得到了很好的诠释。大部分建筑建于 18 世纪晚期，那时应该是大英帝国的鼎盛时期。只是不知是何原因，从上世纪七十年代开始，这座城市的船舶和制造业急剧下降，城市逐渐萧条，直到近些年才开始回复。但在城市中，还是遗留下很多空楼。这里的中国城似乎是目前为止，我看到的最萧条的。我们一边走一边谈论着这些废弃的楼。说实话，利物浦的实景距离想象有些远，感觉有点像一座废城，徒留一声叹息。

之六，曼彻斯特（Manchester）。在英语里，凡是地名中含有“chester”的，就意味着这座城市曾经被罗马人占领过。Chester 源自拉丁文 castra（单数 castrum），指古罗马的军事堡垒、军事要塞等。罗马帝国在英国历史上有着举足轻重的地位。曼彻斯特就是这样一座城市，它位于英格兰西北部平原，是世界上第一座工业化城市。今天的曼城已经今非昔比，不再是过去的穷困潦倒与黑暗忧伤，取而代之的是充满活力的电子行业，以及印刷、化工、制造等多种行业，俨然已是一座商业之城，成了英格兰西北部地区的政治和文化中心。

当然，曼城的最大看点在于它拥有一支著名的球队——曼联。老特拉福德球场（Old Trafford）是到曼城的必去之地。曼联自 1910 年就以此作为主场，享有“梦剧场”的美誉。可惜，我不是球迷，连伪球迷都称不上，最多只能是一个彻彻底底的“球盲”。很惭愧，我对曼联的了解仅停留在小贝和那个彪悍无比的“老佛爷”——弗格森。球场北门，有一尊弗格森的雕像，这尊雕像于 2012 年揭幕，用以感谢和纪念这位功勋教练 26 年来为曼联所做的贡献。据说，在此之前，曼联俱乐部就将球场内部的北看台永久命名为“阿莱克斯 · 弗格森爵士看台”，以表达对他的敬意。秋日阳光下，弗格森爵士叉着双臂，头微微向左前方扬起，嘴角带着淡淡的微笑。整座雕像的线条干净利落，凌厉又不失柔美，将老佛爷的强势睥睨、深谋远虑以及幽默风趣刻画得淋漓尽致。

球场商店里的商品琳琅满目，来自全世界的球迷们疯狂地找寻着自己中意的球员的球服、球帽，还有各式小玩意儿。不过 90% 以上的商品都是 made in China。也难怪，就连商场里的工作人员看到我们都是一脸笑意，然后绅士般地交叠双手于身前，用汉语招呼：谢谢光临，欢迎再来。

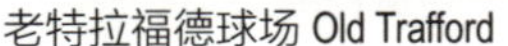
老特拉福德球场 Old Trafford

Old Trafford 外墙上的海报

心理咨询在雷丁

英国高校普遍重视大学生心理咨询。作为英国传统高校，雷丁大学是全英第一所设置心理健康咨询师和进行学习指导咨询的大学，于 1970 年开始开展心理咨询工作，其心理咨询中心在英国享有很高的声誉。

最初，全校只有 1 名心理咨询师。发展到现在，整支队伍已经相当齐全，包括相当数量的兼职人员。心理健康中心主要负责与各部门的协调合作，促进学生健康成长。其主要工作是提供防御性服务，为学生提供帮助以便学生能更好地恢复。1997 年，《迪林报告》（*Dearing Report*）促进了英国大学的扩招，学生人数与结构发生了明显的变化。更多的学生入学，意味着学生面对的挑战越来越多，如有的学生有残障的困惑，有的学生面临着从家庭离开后独立生活的困惑，还有成人重返校园，以及与日俱增的学费。这也就意味着有更多的学生需要享受学校的心理咨询服务。

现在的学生所面临的压力与十五年前迥然不同，就业压力和就业政策在改变，通讯方式在改变，市场对学生的要求在提高，学生也想做得更好。相对应地，学校心理健康教育的工作方式也需要改变，给学生提供更好的服务，提高他们的防御机制，使他们能自我调整。

雷丁大学的心理健康中心位于 Carrington Building 106 教室。除心理咨询外，在校门口 Northcourt Ave 上还有一个医疗服务中心（One mental health Adviser medical Practice）。事实上，这两者是同一个机构，校外的治疗点其实是心理治疗医生的一个办公室。目前中心有 3 名专职人员，另外 2 名专门负责给学生提供学习能力和生活障碍服务。

心理中心提供一对一咨询服务，使个体的学生都能解决自己的问题。此外，中心还与医生、导师密切联系，使精神上有问题的学生也能正常学习。

咨询技巧与过程基本与国内相似。雷丁大学的心理健康主任 Dr. Alicia Pena Bizama 介绍说，英国高校对咨询师的要求很严，必须要有专业的从业资格执照，同时受行业协会的监督。咨询师与来访者之间除咨询关系以外，不得存在其他关系。学校有严格的保密制度，首次接受咨询的学生要填写一份全国

雷丁大学心理中心

雷丁大学学生服务中心前台

统一制订的表格（便于学校与学校之间进行对比、统计、分析），有完善的档案记录及保管规定。

从整体看，接受心理咨询服务的男女性别比例与全校男女生性别比例基本一致。除了本科生、研究生来咨询外，其年龄阶段也与全校学生年龄分布基本一致。咨询的学生多半是单独前来。有意思的是，中国学生都是一群人陪着过来咨询。

针对越来越多的国际学生，为帮助他们尽快适应新的学习环境，应对陌生文化对固有思维的冲击，使用不同的工具进行学习，学会与其他学生共处，心理健康中心为这类人群提供了详细而周到的帮助。中心鼓励国际学生与学习咨询顾问多联系，与导师多交流，尽快帮助他们适应这里的学习。鼓励国际学生与国际事务部老师联系，为他们提供一系列指导手册和培训课程项目，并通过开展一系列讨论、讲座，帮助学生学会如何缓解压力、克服拖延症、如何进行论文写作参加研讨、如何圆满完成学业等。同时，中心也帮助学生在处理人际关系时，保持自我修复。本学年针对学生的新话题是：如何参与心理健康活动。这很受学生欢迎，尤其对于国际学生，这些精神方面的活动，可以帮助国际生缓解心理压力，更好地处理人际关系。

雷丁大学认为，每位学生都是独立的个体，学校对每位学生都负有责任，但是这种责任是不能取代家长的。例如，对新生而言，进入大学后，面临着独立思考、与其他学生和平共处、与导师和其他老师之间的关系处理的挑战。有的学生从一个小地方突然来到一个大城市，周围环境、人群、生活习惯的不同都需要学生掌握一系列的方法来调整自己。学生面临的是一个过渡性的阶段，需要学会处理各种关系，如恋爱、友谊冲突等。此外，学生还要独立地学习、批判地思考，处理大量的信息，这与其今后的职业密切相关。学生需要考虑如何成为成人，如何过好成人生活；自己的想法是什么样的，别人的想法又是怎样的。同时，学生面临的还有精神和道德上的挑战，需要了解什么是对的、有益的，为什么要工作，什么对自己是最重要的。这种了解自我、了解别人的过程，可以帮助学生建立良好的心理系统和人际关系。

雷丁大学心理健康中心提倡“朋辈支持（Peer Support）”。朋辈支持在英国的中学及大学里都得到了认可。研究发现，当个体感到困惑或者遇到问题时，往往会选择向其同龄人倾诉。因为同龄人在生活阅历、处世经验等方面有着较高的相似度，他们也愿意听取对方的倾诉，愿意为对方出谋划策，提出解决方法。心理中心会培训一些学生，使他们与同伴能更好地交流，扩大心理咨询的覆盖面。当然，这种培训不是要使学生成为咨询师，而是让他们学会倾听，学会疏导咨询者的情绪。一般轻微的心理问题通过几次朋辈支持就会得到缓解。朋辈支持也有严格的保密制度，如果判断咨询者的心理问题比较严重时，需要及时转介给心理健康中心。朋辈支持的宣传单在雷丁大学随处可见，甚至在厕所里都见缝插针地张贴着。

近年的统计表明，学生咨询的主要问题是焦虑（Anxiety）、抑郁沮丧（Depression）、人际关系（Relationship）以及学术困扰（Academic Related）。当学生遇到这样的问题前来咨询时，心理中心就会给出一些特殊的帮助，如提供医疗帮助、与导师联系等。但是与父母亲联系的情况非常少，因为学校认为需要保密。只有当学生给学校提供同意书，可以与家长联系时，心理中心才会与家长联系，告知学生所面临的困难。当然，如果学生遇到非常严重的心理问题，例如人格分裂，学校会立刻与医生、医院联系。除了以上的常见问题，其他问题还包括迷失自我（Loss）、自我认同（Self & Identify）、自我伤害（Self–harm）、精神健康（Physical Health ）以及心理健康（Other Mental Health）等。有些是学生对自己的要求非常高，当自己达不到这一要求时，就会给自己加压，导致情绪的不稳定。有意思的是，Alicia 主任再次提到，随着英国的大学学费、住宿费的增加，很多学生开始担心财务方面的问题，这也给学生增加了精神负担。英国这两年提高了大学学费，每年需要 9 000 英镑。我们在雷丁的每场讲座，几乎每一位讲座人都会扯到学费上。看来这的确是一个大困扰。

心理健康中心通常只提供短期的咨询服务。需要长期咨询服务的学生，学校会把他介绍到全英的第三方服务机构——国民医疗保健系统（National Health System，NHS）。有时，NHS 有一个很长的等候期。在此期间，学校仍需要与学生进行对话，以保证他们能得到帮助。还有一些特殊情况，如学生状态非常不好，在与咨询师沟通后，会与其导师或专业课老师联系，安排缓考；更严重的，就需要休学了。休学的过程和国内差不多。学生提出休学申请，咨询师和所在学院负责人进行沟通，学生与咨询中心签订协议，并承诺保证治疗。若学生认为自己可以返校复学，必须由校外的咨询师出具证明，并且需经过校内心理中心再次评定后方回复学生是否可以复学。对于那些特别严重并需要长期咨询的学生，学校会在他毕业后，转介给NHS，以保证学生可以得到持续治疗。从这一点，也足以看出英国心理咨询的全方位、全过程、人性化，以及高度的责任感。

一旦学校有意外事件发生，英国高校也有专门的规定。一般情况下，直接转介给警方。咨询师的作用就是安抚现场或者相关同学、老师的情绪，进行合理疏导。我们有人提问，会不会有家长来学校交涉？ Alicia 反问：Why？

英国高校对于残疾学生的关爱是相当完善的。心理中心为残疾学生提供的服务是一对一的。这里的残疾学生是指有长期、历史性的精神状况，心理上需要医疗救治，以及身体上残障需要帮助的学生。心理中心与学生导师和系部紧密合作为这些学生提供最好的帮助。最终目的是让残疾学生与普通学生一样能正常学习。英国有一项政策，即要让所有学生都能享受同等的教育权利。这里重点强调的是学生在健康方面的问题，即要让所有的学生都能享受同样的机制

随处可见的“朋辈支持”宣传海报

校园秋景

和服务，让所有老师都理解残疾学生所需要的帮助。雷丁大学有专门负责残障学生的机构，为残疾学生提供学术咨询或生活建议的部门（隶属学联）。所有机构和部门都提供一对一服务。例如，为有听力障碍的学生提供录音袋，为残疾的学生提供轮椅等。同时，学校也会对教职工进行培训，让他们了解残障学生的困难，以便更好地理解和支持。我们在雷丁校园里，经常会看到一些行动不便的学生，自行滑动着轮椅，赶向教室，神态安然，有些活泼的学生甚至会向你微笑，道一声“hello”。

关于心理健康教育这个模块的讲座，学校给我们安排了四场！足以证明他们对心理教育的重视。我个人的观点是，尽管从 20 世纪 70 年代开始，英国高校就将心理咨询纳入学生事务管理，其工作人员的专业化程度、高学历、职业精神、责任感以及心理教育体系的完善的确值得我们认真学习。但是，坦率说，因为体制的不一样，从工作量及工作内容上，在某些方面，其实我们做得远远要比英国高校更加细致全面。也难怪，在讲座之后的自由讨论时间，当 Alicia 了解了我们国内的心理健康教育体系之后，一脸震惊，然后就说：“We should learn from you!”

You Raise Me Up

炊烟袅袅（水粉）　果果七岁

我记得去年的这个时候，我感慨进入不惑，有师长跟帖调侃说：也一把年纪了。不觉间，又是一年。今年是我第一次在遥远的异乡迎接我的生日。这个时节的雷丁，已经进入典型的冬季，多雨。凛冽的寒风，打着呼哨从窗外盘旋而过。掀起窗帘的一角，对面 house 的门灯在晨光中蒙着淡淡的光晕。路面湿漉漉的，在初冬黎明的晨色中反射着水光。有些莫名的情绪，想家，想大家，想起了那首经典的旋律。

《*You Raise Me Up*》。

You raise me up，我亲爱的爸爸妈妈。在我眼里，你们言信行直、淑性茂质。你们给予了我最好的教育。你们把善良、正直、磊落、坚忍、勤恳通过你们的血液传递给我，你们一直严格要求于我，希望我能够成为一个知书达理、平和静气、自立自强的女性。我一直认为你们是严厉的，在你们眼里，我永远就是一个小屁孩儿，只有努力做到更好才能获得你们的青睐。直到那一天，你们搂着我的肩膀喊我宝贝；为我一天一天写下成长的印迹，那字里行间的宠溺，让我瞬间明白，你们是如此深深地爱着我，不露声色。我一直在朝着你们的希望努力。不知道现在的我是不是你们心中理想的女儿？这些年来，你们常年分居两地，只为我能够安心工作。你们尽一切可能，为我分担家务，替我照看果果。年逾七十的你们，还要轮流奔波于南通、上海两地。最害怕听你们对我说，你照顾好自己，我们挺好的。我不敢看、不敢听、不敢想，就怕看到你们如雪的发丝，怕听到你们的千叮万嘱，怕想到你们为我操心的场景。严格地说，我并不是一个合格的女儿，至少，我没有让你们过上我想象中应该让你们过上的安逸休闲的晚年。偶尔，我还会将工作中的烦躁心情带回家而波及你们。原谅我，亲爱的爸爸妈妈。十月胎恩重，三生报答轻。这个世界上，只有你们可以毫无保留，用心教我；只有你们可以容忍我的无理取闹、我的错、我的失败；只有你们陪着我喜，陪着我悲，不离不弃；只有你们，会用尽一生的承诺，呵护我、爱我，绝不食言；也只有在你们面前，我可以完全敞开心扉，忘掉一切烦恼，只为单纯做一个乖乖的小孩，只为看到你们一如既往的温暖的笑颜。这辈子，有你们，真好。你们，永远是我最温暖的港湾。只因有你们，让我无惧所有的困难与烦恼，能够心平气和面对一切。

You raise me up，我的师长。古之学者必严其师，师严然后道尊。我钦佩

五彩泡泡（儿童画）　果果七岁

您的记忆力，九十的高龄，时隔三十余年，您依然能够清晰地叫出我们每一个人的名字；我也记得，是您亲手一笔一画一词一句，教会我写作，发表了人生中第一篇作文，告诉我什么是文学；是您告诫我要戒骄戒躁、不喜不悲，告诉我什么是豁达与大气；是您像妈妈那样轻拍我的肩头，叫我不要畏惧竞争、不要害怕失败，告诉我什么是勇敢与坚强；是您用您的关爱一言一行向我阐释了教师的真正内涵，让我更加深刻明白为人师者的职责，告诉我什么是担当与责任；是您云淡风轻般告诉我，老虎因为凶狠让人敬畏，天鹅因为谦卑令人尊重，让我明白什么是女孩真正的矜持与高贵；是您一针见血指出我的不足，甚至毫不留情面在网页长篇留言、讨伐鞭挞，引得学生一片围观，我颜面全无，却也令我立马清醒，深刻意识到自己当时的懈怠与不思进取；也是您，在我初为人母时，送上长长的祝福，祝贺我人生新的开始，让我感受到您刀子嘴背后的暖暖关爱；是您，在我学业事业陷入低谷时，用专业的爬坡理论鼓励我，告诉我“今后只有上坡

亭亭玉立（水粉）　果果七岁

爸爸（水粉）　果果八岁

扬帆起航（水粉）　果果八岁

路”，短短一句话给予我无穷勇气和力量；是您，不厌其烦，不嘲笑我薄弱的功底，耐心指点我如何静心做学问，告诉我如何选取研究视角，带我体味治学的快乐；是您，为我搭建了最宽最广的平台，在工作中用最宽和的心态肯定我、鼓励我；是您，为我打开了人生的另一扇窗，让我知晓天外有天，告诉我厚积薄发、博采众长，只有自己的才是永恒的……一路走来，二十三年求学路，十八年教师生涯，一切只因有你们，因为你们的教诲，你们的鼓励，你们的言传身教，教会我不断成长，不断努力超越自我，只为做最好的自己，像你们一样，做最好的老师。

You raise me up，我的果爸。十五年的携手而行，我记得一路上所有的风景。我记得那一晚你在灯下轻诵你写的诗歌，那一刻有什么叩响了我的心门；我记得那副皮手套，只因它会紧紧握住我一生的幸福；我记得初识时我说我的工作很忙，你说“两情若是久长时，又岂在朝朝暮暮”；我记得每年除夕我都要陪留校学生吃年夜饭，留你独自家中，总是等晚会开始我才能匆匆赶回，再陪你吃一碗饺子；你我的工作决定了我俩的作息相错，你也会在休息的时候，将我来不及打扫的房间地板收拾干净，且美其名曰“减肥”；那一年搬新家，我体会了蚂蚁搬家的幸福；你是我们家的“不倒问”，什么问题到你这里都是必然的终结；你写得一手好字好文章，满腹经纶，却简单低调……十五年的路不长也不短，我们有争吵有烦恼，也有激烈的言辞指责，而最终，多数都是你选择

我是妈妈的太阳花（儿童画）　果果七岁

You Raise Me Up

了包容。感谢你的宽容，让我成长成熟，懂得家的意义。只因有你，让我觉得生活的完美、生命的美好。

You raise me up，我的友情。你见证着我一路的成长：同学时，你告诉我要理论联系实际，我永远是学生会里那个给你打下手的小妹；工作后，你说我要学会长大、学会成熟；你分享着我所有的喜怒哀乐，我依然记得那年的暴雪，你放下手中的工作，从锡城赶来，只为安慰我受挫的心情；你说因为在你最艰难的时候，我一直陪在你身边，从此你就是我的君子之交，很多时候当我糊里糊涂一锅粥，总是你不厌其烦在旁边点拨操心；你说你第一次见我，觉得我很严肃有些怕，我却嫌你瘦瘦小小太柔弱，不曾想你精炼能干短短时间就能独当一面；你满腹文采却低调踏实，三年一个大满贯，一堆荣誉背后是你满身心的投入与付出；你说你是黄金单身汉，可以全家驻扎奉大荒，你赢得了“值班明星”称号，却是我坚实的奉后方；你自称自己是女汉子，而我只识得你的温良贤淑，无数个假期，你为我分担了无人带孩子的困苦……你是我最坚强的后盾，见过我哭，也见过我笑。我取得成绩的时候，是你为我鼓掌；我失意低落的时候，是你在身边安慰鼓劲；我发怒的时候，是你安抚疏导；我犹豫彷徨的时候，是你为我加油打气；我自得的时候，是你善意提醒……只因有你，无论我意气风发抑或疲惫不堪，你都在我身旁，为我微笑，为我鼓舞，激励我继续前行，让我懂得坚韧宽容、平和大气。

You raise me up，我的小朋友们。你上了我三门专业课坐了三学期的第一排，然后你骄傲地说“我一定会靠自己闯下一片天”，然后你就花了 8 年时间一年跃升一级刷新了集团纪录迄今无人能及；你曾是电脑高手，无数次远程为我这只菜鸟修复电脑，却说只因上了我的专业课，从此立志选择营销方向，如今的你在业内混得风生水起，却会在微信里悄悄让我替你为生病的学妹募捐一份心意；你说你受不了银行的严苛纪律还是怀念学生时代，所以你创办了自己的公司继续着你学生时代的梦想，赚到了第一桶金就跑回学校问能够为学院做些什么；你说你曾经接受了四年学姐的无偿资助，现在力所能及理当反哺，四年一个轮回，你已经资助了三届学弟学妹；你学成归来拿到第一份工资，匆匆驱车一百余公里，捧着依然热腾腾的家乡特色糕点，只为感谢老师当年的教诲，分享今日的喜悦；你说你想办一个学生最喜爱的公众平台，从申请到构思、到搭建、到成文、到推送，今天我们的“商之潮”已拥有 23839 名粉丝，是华理学区里的知名账号，还拿过全国高校学院公众号的 TOP1；你说你喜欢唱歌、喜欢舞蹈、喜欢乐器，想要一个平台，于是唱着跳着弹着，你就舞出了一个南洋歌舞基地；你说你就只是想坚持，于是七天七夜，1 400 公里，你真的实现了从大奉贤骑行到天安门的梦想，这叫意志……这样的你实在太多，每当看到你们的脸庞，心中总是一片温暖与自豪。只因有你们，让我觉得我的职业生涯如此完美，随处充满奇迹。

You raise me up，我的果宝。九年前，你来到我身边，就像一颗小太阳，照亮了我的整个世界。我曾经一度认为，我是你成长路上的引导者，我将担负着养你、育你、让你健康成长的重任。我一直认为，只有我对你的爱，才是天下最无私的爱。可是，这九年的共同成长，你亦教会我很多，也让我懂得，在这个世界上，你才是那个不顾一切，倾其所有，无私爱着我的人。从那个小小、软软的人儿开始，你就完全地信任着我，毫无防备地依赖着我；你心胸宽广，无私地包容着我有时莫名的沉默、生气、暴躁、蛮不讲理；你总是关注着我的一举一动，出差在外的每天早晨和傍晚都会接到你的“追踪温情电话”，你会不厌其烦地叮嘱我注意天气、注意安全；你会在我身体不适偶感风寒的时候，嘘寒问暖端药送水；我不开心的时候，也是你搂着我，柔柔地说“没事的没事的，妈妈你开心点啊，宝宝很乖的”……这些年，与其说是我陪伴你引导你成长，不如说是你用你的言行感染着我，教会我坚强、耐心、宽容、成熟、坚韧……宝贝，是你让妈妈更加懂得爱的真谛。只因有你，让我得以瞥见永恒。

You raise me up，to more than I can be. 一切只因有您，有你，有你们，让我享受生活的美妙，领悟生命的意义。陈奕迅曾经在歌中唱道：“让我有个美满旅程 / 让我记着有多高兴 / 让我对这世界好奇 / 让我信自己的真理 / 离时代远远 / 没人间烟火 / 毫无代价唱最幸福的歌 / 愿我可。”

愿我可。

愿你我共可。

2015 年 11 月于雷丁

Sonning Lock

桑 宁 下 午 茶

最喜欢文化体验课，可以对英国的衣食住行各个方面有一番身体力行的实地体验。因此，去桑宁喝下午茶一直是心底的期盼。

桑宁（Sonning）是雷丁的一座小镇，位于泰晤士河边。秋日的午后，金灿灿的阳光穿透云层，暖融融的，晒得心都快乐得似乎要化了。我们从Whiteknights 校区出发，沿 Palmerstone Road、Erleigh Ct Gardens、London Road 一路向 Sonning Lock 进发。步行大概一个多小时的路程，基本就是沿着泰晤士河岸行走。

桑宁小镇的出名，不仅是因为它的美丽风光，还有那座历史悠久的船闸（Lock）。据说桑宁地区的房价在雷丁地区是最贵的，很多名人、明星都选择了桑宁。例如乔治 · 克鲁尼在 2014 年底完婚后，花千万英镑把婚房安排在了

泰晤士河上的划艇队

桑宁。小镇人民欢腾不已，很多人还在周末混迹到有 800 年历史的 Bull 酒吧，为的就是一睹巨星真颜。

Sonning Lock 于 1773 年由泰晤士河航行委员会（Thames Navigation Commission）修建，历时到现在，已经经历了三次重建。其总长 47.57 英里①，宽 5.46 英里，水面落差 1.63 英里。其实，说起 Lock，真正的祖宗还是中国。早在公元前 219 年（就是刘备自立汉中王那年），灵渠上设置陡门，就构成了单门船闸（又称“半船闸”flash lock）。公元 423 年，即北魏时期，扬子津（今扬州市扬子桥）附近河段上建造了两座斗门，顺序启闭两座斗门，船舶就能克服集中水位落差而上下行。

① 1 英里约等于 1.61 千米。

沿河风景

Sonning Lock 的原理同此一样。在泰晤士河上游有一个堰，泰晤士河水行至此处，形成回水，与主流分开。关于这个堰的历史，记录里说在 15 世纪的时候属于 Blunte 家族。当初围这个堰是与磨坊和捕鱼关联在一起的。1773 年，双门闸（pound lock）替代了过去的半船闸（flash lock），并且这个闸成为河道上游中 8 个闸中最高的一个。1770 年，航行委员会对船闸进行重建，花了两年时间才建成。最初，这些船闸都是用杉木造成的，但是很容易腐烂，1787 年，Sonning Lock 用橡木取代了杉木。1827 年，再次进行了重修。在重建的同时，也为 Lock 修建了一间专门的小屋。1868 年 Lock 再次重建。1898 年，对围堰重建。1905 年对 lock 进行了进一步修建。

船闸的使用原理，举例来说，如果一艘小船要向下游行驶，船闸已经注满水，则先开启入口闸，小船驶入，入闸口关闭；打开活门从防水空间排出水，使小船的位置下降；打开出口闸，小船驶离。如果船闸是空的，那么小船就要等船闸注满水，注水过程大概需要 5 ~ 10 分钟。如果是从下游往上游行驶，则程序相反。有些类似化学中的连通器原理。

从 1845 到 1878 年，桑宁 Lock 的看守人是 James Sadler。他是一名诗人，

800 年历史的 Bull 酒吧

同时还是一个养蜂人。他撰写了大量关于河流与蜜蜂的诗句，伯克郡蜂房的发明也归功于他。他的作品之一《从牛津到温莎的泰晤士河》就是用单词 locks，bridges 和 towns 来押韵。

这是我第一次沿河而行。泰晤士河是英国最大的一条河流，从伦敦市中心穿城而过，沿河风景绮丽、各有其味。也难怪英国政治家约翰 · 伯恩斯说她是世界上最优美的河流，因为“她是一部流动的历史”。我想象中的泰晤士河，应当都是如同伦敦塔桥下的那般，宽广深远，翻着大朵大朵的河浪，追逐着河面上滑翔的水鸟。可是眼前的河流，却分明更像一个婉约的少女，安安静静，带着浑然天成的质朴和自然。河面平静，像一块墨兰的丝绒，在两岸之间从容前行，竟然有些周道如砥其直如矢的错觉。波纹粼粼，像顽皮的眼睛，带着水意，含情脉脉地注视着岸边的花花树树。河岸上，是一片的低矮灌木丛，还有不知名的大树，成熟的覆盆子像一颗颗红宝石镶嵌在一片绿色中，花光树影，苍穹白云，倒映在河里，别有一番秋日羁绊的味道。有成群成群的白鹅野鸭，沿河欢脱地划水。见到步履匆匆的我们，一路哼哼唧唧，撒一点饼干屑，更是亲昵地不肯离开，一路护送就是几百米。

岸边是一望无际的绿色草坪，草色正盛，踩上去像是软软的地毯。只是偶尔还会有些阿鹅阿鸭们的炸弹。据说，泰晤士河两岸有几千块这样的公共绿地，供游客和当地居民日光浴、游泳、散步、垂钓、划船、露营等。河上有正在训练的8人划艇队，教练正教得兴起，突然发现姑娘们的眼神都瞅着岸上，回头看到一群拿着手机、相机兴奋不已“咔嚓”“咔嚓”的中国人，恍然大悟，索性指挥队员们摆出pose，高声说着“hello”。穿过林间小道，间或会看到一两艘优雅的平底游船。有的停靠在岸边，女主人安然地坐在甲板上的藤椅上，膝头是一本翻开的书本，藤椅边的小桌上放着一杯茶或咖啡，一条大黄狗，安静地卧在脚边，看见我们，瞪大眼睛警惕地望着。好一幅恬然安适的田园生活。真想也立刻马上坐下来，什么也不想，就想静静。

到达Lock的时候，差不多是下午三点多的光景，正是下午茶的正统时间（其实喝下午茶的最正统时间是下午四点钟，俗称Low Tea）。

英式下午茶就像一个古老的传说，从维多利亚时代一直到新纪元，隽永醇厚的茶香在舌尖回味旋转，从欧洲大陆飘香弥漫了整个世界。剧作家皮内罗曾感慨：“茶之所在，希望之所在”。一语道破下午茶在英国人心目中的地位，它带来的是一种精致、优雅的生活气息，可以说是一种沁入骨髓的、浪漫的生活态度。

据说在维多利亚时代，正式的英式下午茶应该是这样的：先生们身着燕尾服，戴高帽，手持雨伞；女士们则身着长袍，戴帽子，由女主人着正式服装亲自为客人们服务。用作下午茶的专用茶，一般为祁门红茶、大吉岭与伯爵茶、锡兰红茶，如果喝奶茶的话，则是先加牛奶再加茶。与茶相配的点心，用三层点心瓷盘装盛，最下面一层即第一层是三明治，第二层是传统的英式点心司康（Scone），第三层则是蛋糕和水果塔。吃的时候由下往上吃。点心的食用遵循“由淡而重由咸而甜”的原则，一般先尝带些咸味的三明治，小口轻啜几口香气四溢的红茶，拂去口中的咸意；然后就是涂上果酱、奶油的司康，让甜甜的奶油香充斥整个口腔又逐渐淡去；最后则是水果塔。司康的正确吃法是先涂果酱再涂奶油，吃一口涂一口。精细的品茶过程无一不体现着英国人的严谨与绅士淑女范儿。传说在当时，为了防止茶叶被盗，甚至出现一种带锁的茶叶柜，每天下午茶的时候，由女佣取钥匙开柜取茶。除了品茶，下午茶的另一个作用就是品赏精致的茶器。好茶、好点心、好瓷器、好音乐、好心情才是一场完美的英式下午茶。简单却不寒酸，华美却不庸俗。

我们自然是不会如此繁复的，坐在桑宁 Lock 的茶园，苹果树婆娑，一院子的茶香。在苹果树下坐定，招待为我们端来了司康和果酱、奶油，还有一大壶红茶，颇有些要牛饮的架势。学着用刮勺在司康上抹上果酱和奶油，一口下去，是甜甜的果香和淡淡的奶油香，这种甜而不腻的感觉刺激着味蕾，忍不住细品慢咽。捧着白瓷茶杯，在杯沿轻吸一口气，一股暖意缓缓向脑门蔓延。啜饮一口红茶，含在口中，让清香洗刷口腔里每一个角落。勇哥抬手，从树上直接摘下一枚苹果递给我权当茶点之后的水果。一口咬下去，酸甜的果汁立刻扑满口腔，浑身上下说不出的舒坦。

也有当地人在院子里喝茶。或独自一人，在树下寻一张椅子，捧一本书慢慢读；或三两知己，轻声细语；也有满头银发的老夫妻，相互搀扶着，在河边的长椅上坐下，十指相扣，凝望着河面，并不说话，只是间或轻啜一口茶，会心地相视而笑。目光所及，皆是一派安宁恬静的景象。倒是我们，叽叽咕咕，有初品下午茶的惊喜，也有紧张学习之后的放松，一时，满院的欢声笑语。

定心静神，微风拂过脸庞，身边的同学巧笑嫣然，竟然就什么都不想想了，连手指头都懒得动弹一下，就只想眯着眼睛，如慵懒的猫儿蜷在椅中，捧着香茗，守住这一片岁月静好。可是，亲爱的，你不在我身边。

岸边憩息的小狗

刷夜雷丁

图书馆夜景

其实到雷丁这么久，久到都快打道回府了，最想做的一件事就是在雷丁图书馆刷一次夜。只是，这也只是想想，各种的主客观原因，决定了也许这只是一个很美好的愿望。

写下这些文字的时候，脑海中浮现的是那年春天华理考研咖啡屋展出的一组关于奉贤校区的照片，其中有一张深夜两点的刷夜图。彼时的学生食堂灯火辉煌，蔚为壮观。自此，刷夜在我心中成了一种美好的念想。很想穿越回当时的青葱岁月，狠狠地挥霍一把彼时的时光。

所以初到雷丁，当听说这里的图书馆 24 小时开放的时候，真是心花怒放，一种小小的冲动，一种接近愿望的喜悦。然而我清醒地知道，也许只是奢望。

其实雷丁图书馆相当普通，和华理徐汇校区的图书馆差不多。没有华丽的外表，就只是一栋六层小楼，与著名的乐高楼遥相呼应。

乘电梯直奔最高层。这里是一大片安静的学习区域。两边的玻璃房内，大约各有二十张大型书桌，每张书桌可坐 8~10 人，每个位子都配有一盏台灯。学习区的中间是十张独立的皮质卡座，相对而置。卡座四周靠墙摆放着几张皮质软沙发，可供学生小憩。我和阿敏去的时候，Woodley 的森哥正戴着用帽子改装的眼罩，姿态优雅地倚在沙发里呼呼而眠。与他毗邻的一位黑色皮肤的兄弟看看我们，又看看森哥，欲言又止，一脸的好奇。

沿楼梯下到第四层。从第二层到第四层就是各类藏书。学校按照不同的学科门类将楼层用不同颜色区分开来。社会科学（Social Science）在第四层，主打蓝色。这里的藏书种类包括考古学、经济学、教育学、历史学、人文地理学、法学、资产评估、社会学等。我比较偏爱第四层的 Group & Quiet Study Space 区域，尤其是那几间透明的小组讨论室。室内是一张可供 6 ~ 8 人左右围坐的书桌，配有液晶屏，可以连接自己的电脑，在屏幕上可以展示自己的研究成果，供大家讨论。我们龙组经典的舞台剧《并不突然》就是在中间小屋内构思成型的。

第三层是艺术与人类学（Arts and Humanities），整个楼层是神秘的紫色调。藏书种类包括建筑学、艺术学、经典文学、影视与戏剧、语言、音乐、心理学、宗教学等。第二层属于科学与商业（Science and Business），选择了绿色。藏书种类包括农业、化学、信息科学、工程学、金融、食品科学、管理学、物理学等。在每层沿窗位置，都是一圈学习区域，一人一桌一椅一台灯，有电源插座，风格和华理图书馆差不多。我比较偏爱第三层的学习区，只因那里的插座是凸起的，不会影响转换插头的插入。掐指算算，大多数的“Reading in Reading”的文章就是在这片临窗区域完成的。下午的时候，阳光会透过玻璃，斜斜地照射在身上，是一种秋日的暖洋洋；临近傍晚，写累的时候，手指

馆内即景

夜归等车的雷丁学子

从键盘上移开，眯眯眼睛看看窗外，是大片大片的草坪，一天一天见证着大树从青葱转向深红到金黄，落叶飘零，有归巢的鸟儿在盘旋；若是晚归，打开台灯，看窗玻璃里隐射的橘黄光晕，安静的人影蹙眉冥思。我对这里还是有着难以言表的喜爱的。

第一层是学校的网络信息部门。这一层类似于华理的大机房，整个空间里大概有上百台电脑以及遍布各处的打印机。学生可以选择任意座位。IT 前台的值班老师和蔼可亲，处理问题快捷迅速。基本听完求助者的叙述，立马就能切中要害，解决问题。平均下来，处理问题的时间大概在 3~5 分钟之内。若是遇上国际学生，更是会轻声细语，减缓语速，直到确认对方完全了解。我曾多次来到这个柜台，或是咨询自己的信息账号问题，或是给同学客串一回语音支持。每次总是满意而归，倍感暖心。

提到网络信息部，就不得不提雷丁大学的校园网络，或者确切地说，是英国的校园网络。在英国，有一个英国教育科研网 JANET，遍布全英，几乎所有的高校、教育和研究组织均已加入。负责 JANET 运行的机构是全英教育科研网协会（United Kingdom Education and Research Networking Association, UKERNA）。该机构隶属英国政府，其成立初衷就是为了建立一个网络以满足教育和科研团队的需要。现在，所有高校均已接入，每年的运行费用，由高校承担一部分，剩余部分全部由政府承担。我是网络菜鸟，但是在雷丁的三个月，切实体会到了全英校园网络的威力。学校会在入学初，给每位新生一个账号，开通这个账号后，只要身处英国的任意一所高校，都会自动登录 WIFI。刚开始，我们并不相信校园网络有如此神奇，只是在之后第一次外出考察，大巴行经某一当地高校门口等红灯的几分钟，有同学突然发现自己的手机已经自动连接到了校园 WIFI。比之国内的登陆真是简捷便利。此后，我们一度将此作为搜索英国高校的神器之一。

第一层还有一片特殊区域，专门用来提供学习帮助，包括 Study Advice 和 Maths Support。两者都是由专业的老师在固定时间向求助学生提供专业帮助，求助者可以通过电话或者邮件提前预约。老师们通过面对面的个人建议，或者网络答疑、工作室等方式指导学生如何撰写学术论文，如何提交报告，如何进行时间管理，如何整理复习资料备考等。在数学学习方面，数学支持系统会帮助学生建立学习数学的信息，并通过讲座等形式，提升学生的数学能力，保证学生在学习与数学相关的科目时能够有一份轻松、愉悦的心境。

从楼梯走下，G 层有大片的小组讨论室。每次路过的时候，都会看到一个个的 group 在小房间里争论不休。图书馆进门的左边是前台，负责接待咨询。到了晚间，这里将是值班台。值班的保安会通过前台的监控屏幕，察看图书馆的实况。我在十月的某天清晨五点多去图书馆的时候，才发现在这些时间段，图书馆的管理是相当严格的，不同于平时白天的随意进出，那时是需要刷学生卡的。记得我刚刚推门进去，马上就有值班保安走到门前，原来他已经从监视屏幕上看到我的一举一动。向他解释后，他很灿烂地一笑，耐心指点一番，并祝我“Have a nice day”！

大门右手边是一家小型的咖啡吧，和奉贤图文中心一楼的差不多。几张沙发，几张皮椅，还有若干木桌木凳。看书看累了或是想与三五知己讨论、聊天，这里是理想的交流场所。偶尔也会看到教师模样的，有学生围坐一圈。这里的咖啡很正点，午后阳光里，点上一杯卡普奇诺或是摩卡，随意翻看着手中的书，也是一种精致的浪漫。

图书馆 B 层据说是微电影放映室。我没有去过，也不得而知。

写下这些文字的时候，心里有一股小小的得意与惆怅。得意的是，在离开雷丁之前，我终于实现了自己的愿望，在图书馆成功刷夜！因为下周要举办告别晚会，我奉命起笔撰写小组的舞台剧，在图书馆从中午一直待到午夜 12 点，顺利完稿。字字皆是雷丁情，敲击键盘的时候，恍若回到三个月前。现在是雷丁的考试周，图书馆里人满为患，学生们都在埋头苦读，间或有低低的讨论声。而我完全沉浸在我的思绪里，一幕幕熟悉的场景在眼前浮现，几欲落泪，浓浓的不舍。小组同学分工明确，各司其职，导演、音乐监制、技术支持，我都可以预见下周一我们龙组的精彩了。文稿写到一半的时候，已经错过了饭点，以为只能饿肚子干活，结果我们的龙队亲自煮了米饭，下了水饺，做了满满一盒香锅羊肉，拎着啤酒，捧着热水，步行半个多小时到图书馆给我和勇哥送饭。坐在图书馆门前的木椅上，喝着热乎乎的水，吃着香喷喷的饺子、羊肉，回头看看灯火辉煌的图书馆，真的很温馨。不过，因为学期结束的原因，等过完明天，考试周一结束，图书馆就会闭馆一阵子了。想想，等它闭馆的时候，我们也收拾好行李准备回国了。不免唏嘘。

我是在午夜写完最后一个字完成初稿的。走在夜色中，风有些凉。不禁再次转身，驻足，再看一眼。这是雷丁之夜，我刷夜了。

远处，有参加周三晚上学联舞会的学生急速奔来，是放假前最后的狂欢吧？迎接圣诞？年轻的脸庞上是恣意的笑容，浓重的青春气息。真好！

剑河

剑 河 的 桥

果真如老爸所说，我更偏爱剑桥。如果说牛津是浓浓的普洱，剑桥就是清香的铁观音，香醇中更贴近民众，更加亲民。一直不敢下笔，只怕我拙劣的文字会破坏了剑桥的完美。可我是如此地向往再游一次剑桥，只想在剑河上泛舟，好好体味一下剑桥的风与情。临回国前，终于央得科生联系上剑桥的学生和王老师、皎姐凑成 group，一早从雷丁火车站出发，乘非高峰车去帕丁顿车站，转 circleline 到伦敦国王十字火车站。这里每半小时就有一班快车开往剑桥火车站，约 45 分钟到达剑桥。

那天竟然难得的晴天，进入剑桥镇的瞬间，风急风也清的错觉。抬头望天，碧空万里，大朵大朵的白云像快镜头一样飞速奔过 Catholic Churchof Our Lady & The English Martyrs 的尖顶。一阵眩晕。

直奔银街（Silver St）和 Queen's Lane 交口，那里是剑河漂流的起点米尔码头。就想撑篙（Punting）漂流游览剑河（River Cam）。剑河其实就是镇上的一条环城河流，是剑桥的象征。徐志摩把它译成康桥，也许这也是中国人向往剑桥的原因之一吧。River Cam 是河流的下游，河面平缓宽阔，河水平静无波。两岸都是剑桥大学各个学院的经典建筑，保留着中世纪的风貌，举目四周，皆是百年来按照原样精心维护修建的原汁原味的古老建筑，有些误入后花园的感觉（the College Backs）。

穿过桥洞，进入王后学院（Queens' College）。这是 1448 年

剑桥镇

米尔码头

王后学院（Queens'College）

流经王后学院的剑河

亨利四世的王后玛格丽特和 1465 年爱德华四世的王后伍德维尔共同捐资建立的学院。这是剑桥唯一一所横跨剑河的学院，河西是著名的皇后花园。据说春天的时候，那里花红柳绿，若有风吹，掩苒众草，纷红骇绿，一片蓊葧香气。

连接河东河西的就是著名的数学桥（Math Bridge）。这是一座古老的木桥，也叫做牛顿桥。据说是牛顿运用数学和力学的原理设计并建造了这座桥，整座桥没有用一颗钉子。牛顿的学生们认为，老师能做到的，学生也一定能做到。于是，他们把这座桥拆了。但是事与愿违，他们再也无法将桥复原，最后不得不用钉子将桥重新架好。传说终究是传说，其实，这座桥和牛顿八竿子打不到一块儿。因为数学桥是在牛顿去世 22 年后才建造的。实际情况是，最初这座桥是用铁链子连接，而现在重修后则用螺丝连接。但是历史上的确有好奇心特强的学生曾经将桥拆开过然后再重新安装回去。

Math Bridge

数学桥（Math Bridge）　　《再别康桥》纪念碑

仰视着这座木桥，看桥身那些绮丽多姿的神奇图案，不规则的三角形、长方形、菱形，林林总总的几何图形看似凌乱实又和谐地搭配在一起，倒映在清澈的河水中，随风荡漾，可不可以说这是一种学术的美？很多人把数学桥看作剑桥治学精神的象征，因为它向众人展现了数学的魅力，见证了剑桥人孜孜不倦追求真理的执着。我第一次来剑桥的时候，正是法国巴黎恐袭事件的第二天。

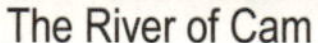
The River of Cam

King's College chapel

那天，桥梁上披挂了一面法国国旗。河水依然潺潺，也是一种人性的关怀。身旁王后学院的博士生晓雪介绍说，每年毕业季的时候，每位王后学院的毕业生都会站在桥头拍一张毕业照。是吗？真巧，我也有一张欸。

和王后学院相邻的，自然是国王学院（King's College）。这应该是剑桥最著名的学院，学院名称源自其创建者亨利六世。整个学院的建筑极尽恢宏磅礴，尤以其大礼拜堂（King's College Chapel）为甚。那直插云霄的尖塔和宏伟的哥特式建筑风格已然成为剑桥镇的标志和荣耀。我对国王学院情有独钟的原因有二。一是，著名的经济学家凯恩斯即是该学院的校友，学院有一角，被称作“凯恩斯角”。还有一个众所周知的原因，就是曾经写下那风靡一时《再别康桥》的徐志摩也是国王学院的学生。后者可能更是每一名慕名而来的中国人的共同缘由。据说，只是据说，每一个中国游客来到剑桥，都会问，那座康桥在哪里？剑桥不堪其问，遂于近年在国王学院的桥边安置了一块石头，上面刻着那段经典诗句，以供游人拍照留念。

这座桥没有具体的名字，因为徐志摩，大家自然而然地想象这就是当年他挥手作别的康桥。其实徐志摩当年的宿舍正在河边，推窗而望，正是安静的剑河。可以想见，三月春天的时节里，两岸杨柳依依，青丝垂垂，岸边芳草萋萋，红花遍地，撑一叶小舟，与心爱的人儿徜徉水面，执手相看，互诉柔情，该是一件多么浪漫唯美的事情。或者正是剑河与剑桥，才激发了他的创作灵感吧？据丘吉尔学院的袁博士介绍，2014 年的时候，剑桥大学举办了一场徐志摩忆诗会，邀请徐志摩的孙子辈重返剑桥，还带着他们进入当年他们爷爷的宿舍。推窗远眺，据说，徐志摩的孙子感慨：可惜我奶奶从未在此荡舟。往事如风，那些美丽的温情的忧伤的诗句也随风散了吧？流年有声，岁月无痕。一念一生，心安天晴。

小船缓缓前行，撑篙的帅哥用醇厚的嗓音向我们絮叨着剑桥的历史和轶

事。转眼间，又是一座精美的封闭式的石桥。晓雪说，这就是著名的叹息桥（The Bridge of Sighs）。叹息桥建于 1831 年，属于圣约翰学院（St John's College），仿照意大利威尼斯的叹息桥建成。剑桥的学风考纪相当严格，绝对没有补考，在考试中，若有一门不及格，立马卷铺盖走人。叹息桥是通往考场的必经之路，每每有成群的学生经过于此的时候，也意味着考试季的来临。学生们担心自己的考试成绩，路过的时候，就会不由自主地叹一口气感慨一番。叹息桥也因此得名。

我是真心喜欢这座桥的设计。它其实是一座典型的廊桥，封闭的桥身将两岸连接起来，两边各有五扇高高的拱形玻璃窗，阳光穿透窗户缝隙，射向水面。穿过拱形桥洞，忍不住触摸石壁，撑篙小哥的喃喃低语，辗转成低沉的回音。别样的心境。其实很想站在桥上，推开古老厚重的玻璃窗，俯视脚下缓缓流过的河水，看看它数百年来承载的气息。究竟是谁在不知不觉地叹息，叹不知不觉的年纪？木知木觉的过往？后知后觉的彻悟？还是穿过一地的叹息，倾听那一叶知秋意，一树识菩提的感悟。

过叹息桥，小船灵巧地转了个身，开始返程。

右手边就是圣约翰的建筑。圣约翰是剑桥大学的第二大学院，学生人数仅次于三一学院。（当然，三一是最牛的，不仅仅因为牛顿和那棵苹果树，很多王室成员都是三一的学生。所以轻易进不去。我来了两次，也只能远远望一眼三一，在三一的后门徘徊一下下。）圣约翰的创办人是王太后玛格丽特 · 博福特（Margaret Beaufort）女士，历经坎坷，终于于 1511 年 4 月 9 日创立。

圣约翰拥有 5 个庭院，尤以 1589 年始建的第二庭院最为闻名，据说是“英格兰最漂亮的都铎式庭院”。初冬的季节，教学楼、宿舍楼在淡淡阳光中泛着清冷，墙上是枯黄深褐色的蔓藤。晓雪说，金秋的时候，这些蔓藤生机勃勃，五彩斑斓，在秋阳中恣意伸展，是彼时剑桥的一大美景。可以想见的惊心动魄的美丽。

突然想起与数学桥、叹息桥齐名的格蕾桥（Gray Bridge）。晓雪说，啊，已经路过了。想是我们太过专注于岸边的庭院美景，以致错过。留点儿遗憾也好，也许下次春暖花开再游剑桥的时候，可以驻足格蕾，看软泥上的青荇，“油油的在水底招摇”。

有野鸭野鹅一路相随。伸出手去，它们矜持地昂首挺胸缓缓划来，近距离地歪着脑袋，瞥一眼我空空如也的掌心，不屑地甩头而去。有爱秀的，在离我们三五米的河面上，向我们展示着泳技，忽地潜入水下，又猛地窜出来，不时瞟来偷窥的眼神。我们忍不住轻笑，羡慕它们的自由与肆意。

忽然很想就这样，安安静静，躺在平底小船上，盖着苏格兰方格的羊毛毯，仰望着天空，看云卷云舒，听河水的淙淙声；或者穿一袭长裙，姿态优雅，抱一摞书籍，穿过古老的庭院，从哥德式门楼里走出来，绾发读书，在河边的长椅上消磨我的时光；可是，亲爱的，我更愿意做一尾在剑河寻水的小鱼，溯源而上，你说的，愿光阴无隙，白驹相伴。

重来剑河，再别康桥，似有丝丝绕绕，不忍说，不忍说，只道那天晴好！

你UCAS了吗

英国教育历史悠久，在国际上享有极高的口碑。除了较高的教学质量和声誉之外，英国的职业资质以及国家安全也是国际生趋之若鹜的原因。很想了解英国的招生体系与过程，看看他们的“高考历程”究竟是怎样的呢？英国高校招生委员会委员 Mr James Durant 的讲座《英国高校招生程序框架》为我们揭开了英国高校招生的神秘面纱。

UCAS（Universities and Colleges Admissions Service）主要负责英国境内所有高校的学生申请事宜（包括国际学生），也包括少量的教师培训工作。全英采用大学会员制，UCAS 是一个公共服务机构，是得到政府认可、由大学共享的一个官方机构，统一为英国所有大学提供招生服务。会员学校要向 UCAS 交一定的会员费，学生申请时也会收取一定费用，但这些费用都不是为了营利，而是维持正常的运行。因为 UCAS 不是政府的一个部门，而是政府认可的一个部门，不会向政府申请经费，而是自筹经费。建立于 1962 年的 UCAS，目前大约有四百名员工。其最早由 12 所学校的校长和副校长们共同倡议组建。有一个董事会，大约有二十个人，其成员大多是高校的校长、副校长，制定相关的政策，每年有两次全英的大型招生工作会议，每所高校的招生部门负责人参加会议。

UCAS 的工作主要包括：负责所有的申请；提供信息并提供培训；独立于政府部门，对学生递交的材料的真实性进行审核；不向任何一所大学提供意见，只是向申请者提供相关信息并对其递交的信息的真实性负责；对录取以及通知书发放等不负责，对移民等事宜不提供咨询。也就是说，无论你是英国本地学生，

雷丁 Whiteknignts 校区

还是欧盟或者非欧盟生源，只要想去英国读大学，必须通过 UCAS 进行申请。

英国境内目前有 385 所高校，130 所类似于像牛津、剑桥、雷丁一样的大学，另外还有 150 所小型大学招收本地学生。所有供学生选取的专业课程大概有 35 000 个左右。

我们听讲座的时候，2015 年新生录取已经结束，和 2014 年相比，递交申请人数有 2% 的增长，欧盟地区增长了 7%，欧盟以外地区增长了 2%。被录取人数有 3% 增长，11% 来自欧盟地区，4% 来自非欧盟地区。预计有五十二万人被录取。这其中，来自中国地区的申请人数稳定增长，维持在一万两千人左右。但是被录取人数有所下降。这其中的原因是，英国仍然是受中国学生欢迎的地区之一，但是近年来，中国留学生申请国多元化，例如向加拿大、澳大利亚等国家分流。

英国供学生选择的课程、专业和高校很多，UCAS 为学生提供丰富的搜索引擎和大量的信息。在 UCAS 网站（www.ucas.com）搜索页面上，学生可以输入专业、高校以及高校所在地区，进入网站后可以看到丰富的信息，包括专业情况、录取要求、学费等。在网站上还有大学主页的链接，学生可以点击进入，了解更多信息。

UCAS 鼓励学生在大学开放日到大学参观，网站上有大学开放日的日期及具体情况。所以，学生可以自主选择去学校参观的方式。当然，并不是所有的学生都能到学校来参观，譬如路途遥远地区的生源、国际生源。为此，UCAS 为学生提供了很多的虚拟影像，例如在网站提供相关的录像供学生观看。

雷丁大学亨利校区

布莱顿大学校区

剑桥大学丘吉尔学院

牛津大学莫德林学院

雷丁大学伦敦路校区

James 认为，对学生而言，他们要在未来的时间花三年或者五年来学习一个专业，同时该专业还涉及他们今后的职业规划，因此，帮助学生做出正确选择十分重要。这种选择包括对课程的设计。例如，你的职业规划是当一名医生，那么你在大学时代就要学习医学的相关课程。对国际学生而言，大学的地理位置也很重要，是希望在城市学习，还是在郊区学习，比如雷丁大学，环境安静，交通便利，确保可以方便地回国。不同的学习风格也很重要，有些课程是大型公开课，有些是小组讨论或研讨会，不同的学校提供的授课方式也不一样。课外活动，如体育、社团也很重要，因为学生要收获的不仅仅是学习，还有全方位的大学体验。与学生经济相关的就是学费，大学能给学生提供哪些方面的经济支持，这也是学生必须了解的。

James 以一位英国高中生为例，向我们详细介绍了英国大学的申请步骤。

通常，高校是 UCAS 会员，由一位老师专门负责联络。学生递交申请后，网站会给出一个固定编码，把学生与申请学校联系起来，学校马上知道哪些学生递交了申请。学生完成申请资料后，大学的老师就可以看到其申请材料。在正式递交申请前，这位老师可以帮助学生提出更正意见，在修改后正式提交给大学。老师认为材料正确，可以递交了，学校再把材料递交给 UCAS 进行录取。递交申请是在线进行的，所有地区的学生都可以递交。

通常，学生可以选择五个专业五类课程，大部分的学生可能是选择一两个专业下的不同的课程。唯一的两个限制，一是选择医科只能从中选择四个专业，另外一个则是牛津和剑桥只能二选一。作这一限制是因为递交这些高校和专业的人数比其他都要多。学生每做出一个专业选择要付费 12 英镑，二到五个专业选择时要付 23 英镑。所有申请都是同时递交，没有排名先后。另外，高校之间也不知道学生还递交了其他哪些学校，确保高校招生的公平进行。

学生可以在每年的五月份开始准备申请工作，九月十五日正式开始接受申请。医学、牙科以及牛津、剑桥的截止时间都是十月十五日。其他大学的申请日期是一月十五日，艺术生的时间是三月十五日，国际生最迟可以到六月底。

UCAS 的申请材料包括申请表、UCAS 手册、申请表填写指南、回执卡、申请费付款单等。

UCAS 申请表为 A4 大小对开 4 页纸，主要内容包括以下几个部分：第一部分是个人基本信息，如姓名、年龄、性别、护照号等；第二部分是选择专业和学校；第三部分是填写个人教育经历，如学习成绩、资格证书等；第四部分是职业经历，有些人可能从事带薪工作，这些有助于其申请；第五部分是个人自述，这是一个小篇幅文章，自由阐述为什么选择这个专业，个人的兴趣点是什么；最后是推荐人及联系方式，以后学校可能会联系推荐人，要求提供推荐信。所有环节结束后，学生所在学校会把推荐信与申请书递交给大学和UCAS。

UCAS手册有800多页，囊括了英国所有高等院校及本专科招生专业，是填写UCAS申请表的依据。需要说明的是，UCAS手册不包括对专业课程、招生人数、录取要求的具体说明，所以应当与报读大学的招生说明书共同使用。

申请表填写指南是本小册子，指导学生如何填写UCAS申请表的各个栏目。回执卡填写的是申请人清楚可靠的通讯地址。申请费付款单则列明了申请人应当支付的申请费用和付款方式。

UCAS收到申请材料之后，会立即寄还回执卡，让申请人放心。UCAS严格按照收到申请材料的先后顺序，陆续把每一份申请表的主要内容输入电脑。一份申请表的数据输入完成后，UCAS即给该申请人寄发确认信。信中主要包括两项内容：从电脑中打印出的申请人申请的学校和课程的简称和代码，供申请人再次确认；分派给该申请人的申请号。以后申请人与UCAS或学校联系，只要报上自己的申请号，电脑中就可以立刻检索出全部相关信息。UCAS负责把申请表复印后寄给申请人申请的各个学校，同时也可以将有关电子数据传输给学校。

在所有的申请材料中，个人陈述（Personal Statement）尤为重要。可以这样说，这是唯一一个申请人自己可以控制的内容。说得直白一点，就是用生动的语言言简意赅地阐述自己的优点是什么，并成功地把自己推销给大学。每个人只能递交一份个人陈述，所以，这也是为什么很多学生申请的课程都是在相关专业或相近专业。“个人陈述”一栏的字符一般一千到四千左右，尽可能地阐述自己的优势。这是一份在线表格，没有对语法的检测，所以，最好先在其他地方检测好后再粘贴到申请表中。

对录取学校而言，最看重的是学生在高中的学习经历和学习能力，这是每个人都不一样的。学校还希望看到学生对自我意识的阐述、主修该专业的动力。希望申请人对申请专业有充分的了解，看重申请人在这一方面的经历或证书。同时学生的学习能力和写作能力也非常重要。最后，学校希望看到一些相关的能力，如搜索能力、时间管理能力、对申请专业的热衷情况。

个人陈述的第一段非常重要，审核个人陈述的都是专家，如果能在第一段就吸引专家的眼球，那将达到事半功倍的效果。如果学生对课程有详细的了解，在写个人陈述时就会有很大的优势。个人陈述80%的内容与学习相关，此外，在体育或社团等方面有特殊贡献的，尽可能控制在20%以内。写作一篇个人陈述，

亨利商学院图书馆

对学生来说，也是对自己很好的反思的机会。个别学校还需要面试。要求陈述自己的专业热情，部分学校在进校后也会有筛选，所以，学生对专业的认同和热情是非常重要的。自我陈述的撰写非常重要，需要几易其稿。需要强调的是，没有一篇完美的自我陈述，每篇因人而异，每个人都尽可能把自己写到最好，没必要与其他人进行比较。

学生递交申请材料后，就可准备推荐信了。推荐信的目的在于陈述学生的学习能力和信息的真实性。个人自述和推荐信是相辅相成的，因为里面的内容都是介绍的同一个人。对于要求高、受欢迎的专业来说，推荐信显得更加重要。因为申请人太多，最后，有可能凭推荐信来筛选。老师的推荐信可以对学生的未来发展作出预期，这个预期应该与学生的个人陈述保持一致。推荐信要对号入座，尽量避免一份推荐信推荐数名学生的情况。

学生递交申请后，可以在网站上跟踪进度。UCAS 的网站是一个即时在线网站，可以看到大学如何作出选择以及个人的相关信息。学生也可以对自己的申请作出以下调整：增加自己的专业申请；在年底前还没有录取，可以调整专业；在等待过程中，若取得了更大的成绩，可以进行补充。这样做的目的就是确保学生有机会选择自己的专业，当最初选择的五个专业都没有录取的时候，还有机会作出新的选择。

大学在录取时，综合来看以上六个方面的内容，这也是为什么要提供详细全面的信息。有的学校要求有入学考试，学生在递交申请时就可以看到该专业是否有入学考试的要求。有的专业要求面试，如果学校在中国有办事处的，可以到中国面试，或者采取网上面试的方式。学生满足了录取条件后，可能会收到以下三种录取通知书中的一种：一是无条件录取；二是大部分学生收到的是有条件的，因为还要看毕业时的成绩；三是没有申请成功。

学生收到申请学校的答复后，可以做出自己的选择。但因为申请的学校不止一所，且每所学校给出的答复时间不一样，所以，学生一般要等上几周时间，待所有学校回复后才作出最终选择。他可以作出第一选择，如国内的第一志愿。第二志愿要求可能会低一些。当然得确定自己非常愿意去第一志愿学校，第二志愿学校可以作为备用。所有其他的录取都要拒绝，最后仅在一到两个专业中作出选择。

等到成绩出来后，如果成绩不错，满足了第一志愿的学校，那可能就成功了。如果成绩不太理想，满足了第二志愿要求，这时依然会收到录取通知书，可以庆祝。但是如果第一、二志愿学校要求都没有达到，也就是说没有被录取，在年末时网站还会公布哪些学校有剩余录取名额，学生还可以进行申请。当然最后一种情况不太常见。还有些学生考得特别好，满足了第一志愿的申请，这时他们可以增加自己的志愿选择，向更好的学校提出申请，不过，这样做的学生并不多。

和国内一样，第一年没考好的，第二年还可以再考一年，不过，你就晚一年提交申请了。大部分的学校和专业可以再考一年，少部分的专业和学校只招收应届毕业生。

对国际学生而言，如果你没有必需的英文资格，还需要同时向报读大学申请“学位前 EFL 强化课程”，作为录取到学位课程的条件。

高校录取时主要由负责学术的老师来决定，标准可能会与招生工作人员一起制订，但最后还是取决于学术委员会。每个大学在网站上公布了招生标准和相关政策，个人推荐学生也要按正常流程来推荐。

UCAS 网站有相关的信息，包括如何申请、如何办理签证等，给学生提供帮助的老师在网站也会进行信息咨询。对于在其他国家为学生提供咨询的老师，有专门的版块，提供在线资源，比如英国高校学位资质。网站上还有类似于工具箱的东西，比如一些文件或软件包，学生可以自主选择查看并下载。

在英国有 5 000 个申请中心，这里的老师可以帮助学生申请。在每个学校的申请网站上都有 UCAS 的信息，学生都可以看到，并点击，通过 UCAS 来申请这所学校。在高中学校网站上，学生也可以通过 UCAS 的链接申请大学。

UCAS 网站还提供多国语言的版本，这可以方便国际学生进行申请。网站主页面是英语的，在页面右方可以对阅读语言进行选择，相关的信息可以翻译成所需要的语言，但递交的申请还是必须用英语完成。

目前，UCAS 处理的申请都是本科生的申请，研究生直接向学校进行申请，不需要通过 UCAS。不过 UCAS 正在进行这方面的努力，希望能把研究生招生也纳入其中，目前正在做软件的开发。申请者也可以向在线咨询员寻求帮助，咨询员可以上网查看相关信息，了解申请程序，以便更好地帮助学生进行申请。英国大约有三分之一的学校会把学生成绩递交并换算，这样学生就可以很好地了解自己的成绩处于哪个分值段。

注：根据 2015 年 11 月 15 日讲座笔记整理。

可爱的女房东

英国房东

来英国之前，对英国人的总体印象就是绅士、谨慎、严谨、礼貌。待了三个月，由于是home stay，接触了不少英国房东，让我对英国以及英国人的了解又进了一步。

我的房东是一对五十多岁的夫妇，男主人是建筑设计师，时髦的SoHo一族，女主人是公司职员。比较特别的是，他们领养了两个中国孩子，是那种从baby时期就领养回来的，所以，尽管生得一副中国面孔，骨子里已经完全英式了。男主人每天早晨6:30准时起床，然后为一家人做早饭；7:30上楼，敲房门，叫醒一双儿女；7:45，再催一遍迟迟不下楼的女儿；8:00，在楼下高喊hurry up，然后领着一双儿女上车，一脚油门，绝尘而去；8:25，送孩子上学回来开始刷碗；那时我一般正在吃早餐，我是每天8:50离家去学校，所以每天我们会有差不多半小时的对话，天南海北，各种话题；say goodbye之后，男房东就会开始他一天的工作，大概工作到下午一点，会随意弄点吃的；15:30，准时出门去接孩子；16:30，放学回家，开始做晚饭；19:00，饭毕，如果孩子有课外辅导课，房东就会分别送俩孩子去上课，然后回来刷碗，到点再出去接孩子，基本忙碌到晚上9:30，一天完结。他会自嘲地跟我说：我就是我家的taxi driver，drive here and there。我是一直很佩服男房东的耐心的。从没听见他的抱怨，每天总是乐和乐和的，说话也是轻声细语，和蔼可亲。偶尔工作上有争执，他也会在闲聊的时候发几句牢骚，但是过后还是会按照客户的要求设计。房东把house的一楼装修成一个小型的工作室，十几台电脑同时运行。英国家庭网速奇慢无比，可我每天因着房东的职业需求，开心地蹭着飞快的网速，不亦乐乎！

女房东是典型的女强人，风一样的女子，在公司任职，每天都是风风火火。不过每天晚饭后，她都会分别进入每个孩子的房间，嘘寒问暖，问问学校、学习的事儿。我住进来之后，也成了她的关注对象。每天，她都会详细问清我一天的安排，是whole day，还是有free；上了什么课？课上老师讲了什么？听懂了吗？语言课讲些什么？有考试吗？考多少？等等。考前会祝我考试顺利，给我打气；考后会询问分数，一听不错，就会竖起大拇指，狂夸一番。说得最多的就是：you are so strict，work so hard。感觉回到学生时代，爸爸妈妈的叮咛嘱咐。可能在他们眼里，我是典型的乖乖女，每日一回家就钻房间，敲击键盘写写写。我也习惯了他们的管束，感觉真的是纯粹的学生生活。

我生日那天早晨，不好意思告诉他们，只是说想为自己下一碗面条，结果房东立马说：你生日？然后就是warm hug还有生日歌，温情的祝福。那天龙组聚会为我过生日，回家已是半夜，房东一直等我回家才休息。第二天早餐时，

庆祝生日

女房东一路高唱生日歌从楼上下来，男房东不知从哪里端出来一个生日蛋糕，还有一张全家签名的贺卡，说是蛋糕让我带到学校和同学一起 share。温情脉脉，使我泪水涟涟。

丰盛的小型 Full English Breakfast

男房东每天都会给我准备好丰盛且精致的早餐，基本就是小型的 Full English Breakfast，煎蛋、培根、煮豆子、toast，牛奶，每天一个橘子一根香蕉一个苹果，黄油蜂蜜自选。每天生活组的仨同胞在路口“捡”我的时候，总是那种羡慕嫉妒恨的眼神。

全家福

回国前一晚，女房东每隔半小时就到我房间里转一圈，絮絮叨叨，后来索性盘腿坐在床上，我就跪在床边地毯上，家长里短。冷不丁，房东就拿出了一张贺卡和一个首饰盒，原来是一根纯银项链。房东说，舍不得我离开，让我千万要记得回英国看他们。我在地雷组里放图，大家羡慕不已。没有想到更煽情的还在后头。

第二天一早，房东又为我准备了丰盛的Full English Breakfast，然后微笑着说：The last。房东说，其实英格兰的冬天很冷的，但是今年特别温暖，only because of you，you are the sunshine。我把这句话发到朋友圈，使馆教育处的李老师说：没想到，英国人也挺会哄人的嘛。龙组的小伙伴们说，那是我应得的，因为这三个月我特别勤奋、努力，赢得了房东的尊重。我相信后者。因为后来房东送我到了集合点，迟迟不走。我说再见了，谢谢您，欢迎到上海。他说，不着急，我在这里see you off。一直等我上了车，房东还在车外扒着窗户朝里张望。龙队、毛豆子在后面大喊：格格，你家房东找你欸！我狐疑地下车，果见房东只身一人站在车尾，依依不舍的样子。见我下车，以为我落了东西，立马迎上来，彼时我已经有些哽咽了，再次拥抱之后，我说：这回我是真的要走啦，欢迎你到上海来。大巴开动的时候，从后视镜里，看到房东一直站在原地默视。等我到达北京后，房东连发两封E-mail，询问我是否安全抵达。

毛豆子家的房东是一对八十多岁的老夫妇，老太太的父亲是中国人，所以家里保留了很多中国的习惯。老夫妻俩精神矍铄，每日里看电视到半夜，偶尔小酌一杯威士忌，叫上房客们杀一桌domino。听说原先还想上麻将，吓得毛豆子们只得自称不会。

老太太的宗旨就是：我对你好是应该

可爱的房东

龙组在房东家花园 BBQ

龙队、强哥和房东

的，但是你不能把我对你的好转嫁给别人。对此我和阿敏深有体会。初来雷丁的时候，因为人生地不熟，乍然和阿敏分开，一下子懵了，连晚饭都没有着落。毛豆子自荐向老太太说明情况，老太太一口允诺，我和阿敏可以每天下课后去她家和生活组三人共进晚餐。顿时一种拨开云雾见天日的感觉。第二天，我们大包小包，连炸带煮，我还烧了一盆回锅肉、一碗蘑菇蛋汤，还邀请西部班的老张一起，又是啤酒又是威士忌的，嗨了一晚上。老太太笑脸相迎相送。我们真的觉得好温暖，有这么热情的英国人。谁知十分钟后，噩耗传来，老太太不乐意反悔了，说是我们都有自己的房东，凭什么天天来吃饭？从此，我跟阿敏又恢复到原先的煮一顿管三顿的状态。以为就此与老太太形同陌路，未曾想，进入十月底，天气渐渐转冷，老太太竟然同意我们龙组全体成员去她家大花园 BBQ。突如其来的恩宠惊坏了我们。据说老夫妻俩一大早起床，将烤架刷得锃锃亮，冒雨去超市买了烧烤用具。聚餐那一天，又是起个大早，将百来平米的花园打扫得没有一片落叶，还特意搬出了沙发，摆上沙发垫，布置上花花草草，一派宁静自然的乡村田园风味。

阿敏和房东

超儿和房东

龙队煮了一锅香锅，毛豆子和超儿烤了一大盆的鸡翅、香肠，老夫妻俩和我们喝着酒，聊着八卦，还甜蜜地回忆着他们的爱情，其乐融融。我们以为凭着1/2的中国血统，老太太从此就会更加中国化。未想到，12月准备打包回国的时候，因为需要邮寄，三个包裹可以免费上门，我们决定在毛豆子家集中。千不该万不该，我们把老太太平日的宠爱当成了纵容，未打招呼，私自就扛着行李去了，前一秒老太太还喜笑颜开，后一秒就当场泪洒客厅，觉得我们冒犯了她。弄得我们走也不是不走也不是，万般的尴尬。最后只能一人一句sorry，灰溜溜地走人。一夜未眠，正忐忑毛豆子他们的境遇，那边却传来老太太一大早又为他们仨熬粥煮汤烤鸡腿了。

送别的时候，老夫妻俩一到集合地就开车离开了，说是不能见离别，会忍不住哭的。

龙队和强哥家的房东是一名单身妈妈，带着一个近20岁的儿子。儿子是个网游迷，只要在家，就会玩游戏，几乎达到废寝忘食的地步。家里有条狗，叫Belly，几乎从未出门放过风。龙队心软，出门总带着它一起溜达。所以，两周之后，Belly见到龙队和强哥，就像见了亲人。喜剧性的一幕发生在龙强两人做重庆卤菜的时候。油锅热，下辣椒，这边两人正陶醉在家乡的味道里，那边传来狗狗的喘气声。原来Belly从来没有闻过如此辛辣刺激的味道，嗷嗷直叫，打着喷嚏，脑袋砰砰砰地直撞墙。刚打开厨房门，Belly嗖地一下急窜出去。据说那天，Belly还是和龙队他们一起吃的重庆饭菜。不过，之后的Belly似乎更加依赖龙队和强哥，我们可以每天在龙队的微信里看到Belly趴伏在龙队房门口，一脸的无辜。龙队曾经作诗：大黄门卧鼾声儿断。群里一片大赞。

阿敏家的房东是一对四十岁左右的中年夫妇，男房东曾经在中国工作过一年。因为当时接受了中国人的帮助，所以觉得“中国很好，我也要帮助中国人”。夫妻俩是虔诚的基督教徒，男主外女主内。每日里恩恩爱爱，男房东上班去了，女房东照看好三个小孩，然后就是安安静静地待在家里看Bible，还做笔记。两人对待事物总是一幅宽容的态度。阿敏不小心打碎了他家一瓶酒，正惶恐自责间，房东冲进厨房，确认阿敏没有受伤之后，立马安慰说，坏的事情发生后就会伴随着好事儿，你要走运了。阿敏觉得好暖心。但是后来真的撞了大运。也不得不感慨命运的神奇。男房东比较多愁善感，总是担忧日后如果太太先他而去他会如何生活。也许是因为当年受过中国人的恩惠，也许是天性善良，反正他对中国人特别友好。十月里我们第一次去伦敦集合的时候，因为是凌晨出发，本来我和阿敏都准备去图书馆刷夜了，结果男房东硬是睡在客厅，凌晨四点多起床，开车在Woodley兜了一圈，将我们班的女生挨个接上，再来接我，路上见到中国人就停车，到学校的时候，他的七人座的小车塞得满满当当。那个时候，所有女生都觉得他是超级帅的大帅哥。

学习超的host family和阿敏家一街之隔。我曾经和毛豆子从家里步行四十多分钟去转悠，只看到暮色下，安全警报灯一闪一闪。超的房东是一名狗狗培训师，属于神龙见首不见尾的那种，几乎天天在外面旅行。偌大的house只有超一人独守，我们在艳羡之余满是同情，因为家里除了六条大狗，实在是没有一点活的东西了。超每每白天和我们上课的时候，话特多，因为一到家就会寂寞得发狂。这种痛苦似乎也不是每个人都能体会的，也怨不得超后来成了CUAC13的著名3W人士（Walk、Work、Warm）。

我们龙组的房东千姿百态，却也各具其味。我们每每在群里晒礼物、晒合照、互炫房东的时候，就算是抱怨，其实不经意间也是秀的那种甜到蛀牙的温馨与幸福。也许，这就是真实的生活。

最后一站：海德

海德一直是我心仪的地方，因为“演讲角”，还有，临出发前，大妈妈一遍遍地跟我唠叨，海德公园如何如何心旷神怡，那里的英国老克勒如何如何绅士，他们的西服如何如何一丝不皱，皮鞋如何如何一尘不染，手执文明棍，优雅地走在公园道路上，会和煦地冲你微笑打招呼。

来伦敦之后，去过伦敦数回，曾经穿过 Green Park 和 St. James Park，那里已经让我流连忘返瞠目结舌了，不知道占地 360 多英亩的海德公园（Hyde Park）将会是什么样的光景。我一直坚信，最好的一定在最后，所以，海德成为我此次英伦之行的最后一站。

和生活组坐火车从雷丁出发，毛豆子把我送到帕丁顿车站，超儿下载好 Google map 帮我设定好目的地，我背着小花背包，紧紧攥着手机，整一个山寨背包客。出发！

其实海德公园离帕丁顿火车站很近，步行过去大约也就是十来分钟。从公园西北部进入，随意选择了一条小径。初冬的公园，有着一份特有的清冷。天气不是很好，没有阳光，草地也渐渐泛黄。行人寥寥，一种孤寂。刚下过雨，草地上一片濡湿，碎石子路上有着明显的水印。踏步而过，鞋底发出咯吱咯吱的响声，细碎的草屑与黏土粘了一鞋帮。触目皆是葱茏的大树，莽莽苍苍。深吸一口气，一种醇厚，带着冬日的清凉与雨后的湿意。

海德是英国最大的皇家公园，位于泰晤士河东部的中心，西临肯辛顿公园（Kensington Park），东毗绿色公园（Green Park）。18 世纪之前，这里是英王的狩鹿场。1851 年，维多利亚女王在这里举办了国际展览会，之后逐步向公众开放，逐渐成为人们举行各种集会和其他群众活动的场所。公园遮天盖地，面积大概是 160 万平方米。唔，差不多就是华理徐汇和奉贤两个校区的总和。在寸土寸金的伦敦市中心，绝对是极度的奢侈，难怪当地人视其为“伦敦的肺”。

随意挑了一条小径，走到尽头，才发现原来是一个平缓的小坡。一时兴起，从坡顶一路冲下去，却是来到了一条宽阔的主路。不知道是不是皇家驿道，反正有一拨又一拨的骑兵骑着高头大马在路上缓缓而行。据说公园的南部就是骑兵营，每天早晨，骑兵们都会出来驯马。

路对面就是公园里的九曲湖（The Serpentine），湖水平缓无波，将公园一分为二。因为天气的缘故，在海德晒太阳的愿望是实现不了了，但还是在湖边选了一张长椅，拂去上面的雨水，施施然坐下，开始享受我难得的发呆时光。

灰白的天空倒映在湖水里，整个湖面像墨玉一般温润细腻，微风拂过，有一层微微的涟漪起伏。湖面水平如镜，有微雨，烟波荡漾着花形树影。一群群天鹅、鸭子、不知名的水禽在湖中嬉戏，给冬日的湖面增添了一丝灵动。这些小东西们都不怕生人，滴溜溜地转着眼睛，警惕地试探性地走近我。见我不动，胆子大了些，步履也轻快了，快接近的时候，我欠起身，它们却受惊似地转身，撒腿就撤。逃了几步，又停下，转过脑袋再打探一番，一副纠结的小样。一只白色水鸟栖息在岸边，正专心致志地打理羽毛，冷不丁一个小伙伴从水底偷潜至岸边，猛地窜出来，一口啄下去，岸上的水鸟突受其扰，明显没反应过来。但也就几秒钟，它立刻展开反击，张开翅膀，扑棱棱地冲向湖面，与小伙伴们在水里一番纠缠撕打，溅起水花无数。众鸟似乎司空见惯，均作打酱油状。湖里每隔一段就有一些石桩（木桩），用铁链连接，一般一行 8 个，不知为何用。倒是成了水禽们登高栖息的好去处。离我最近的一排桩子上，安安静静地蹲着

Marble Arch 前的行为艺术者

The Serpentine

The Serpentine

一群家伙，不吵不闹，每只各占一根地盘儿，相安无事。有游客带着食物过来喂食，水鸟们矜持地围成一圈自取。也有顽皮的游客，故意做出追赶的样子，惊得水鸟们扑棱扑棱跳水潜逃，有性急的，索性展翅在水面疾走，在湖面划出一道水路，身后一片水花。我不禁掩口偷笑，有晨跑的居民，投来了然的目光，善意地微笑。

渐进中午，游客多了起来。有全家总动员的；有父女两人行；也有年轻妈妈推着婴儿车，小 baby 含着手指，乌溜溜的眼睛懵懂地打量着周围；有学生团体，三三两两打闹着，风一般从身边冲过；也有情意绵绵的情侣，十指相扣，相依相偎，三步一停留，相视而笑，间或飞速地轻啄唇边，红了脸颊，迷了眼神。真是一番佳人美景，怎生盈盈！

人气渐旺，公园里渐渐热闹了起来。连树上的小松鼠们也按捺不住，纷纷跃下枝头，在草地或小径上追逐嬉闹。

任意地择了一条小路走向公园中心。两旁都是参天巨树，绿茵如织。还有不知名的小屋掩藏其中，倒是有些世外桃源的风情。这里的松鼠们似乎更加胆大，成群结队，嗖嗖地从枝头窜下，高傲地翘着蓬松的大尾巴，两只前爪作揖，似乎腼腆又深情地望着你，让人内心不由自主地怜爱。我有些后悔没有带点吃的，又不甘心，于是轻轻蹲下身，把手掌空握，示意松鼠们前来。有胆大的，灵活地向前跳跃，却在发现我的空手掌时，不忘抛一个睥睨的眼神，使劲儿摇着大尾巴，迅速转身绝尘而去，似是表达自己的不满。其余众鼠皆是一副了然神情，同步作鸟兽散状。后来我回去后讲给房东听，他说，你这是遇上比较绅士的，要是遇到厉害的，会结伴追着你要吃的。真的吗？是它们不忍欺负我这个外乡人，还是我比较幸运，淑女遇上绅士？其实，早知如此，我倒更愿意遇上一伙“海德劫匪”！

沿小径一路向东北，在牛津街西段与海德公园接壤的地方，远远地望见一道大理石凯旋门，那便是已在此矗立将近 200 年之久的大理石拱门（Marble Arch）。1828 年，英国建筑师约翰 · 纳什（John Nash）参照罗马的君士坦丁凯旋门，采用意大利托斯卡纳（Tuscany）马萨—卡拉拉（Province of Massa and Carrara）所产的白色大理石建造。此门原本不在这里，而是坐落于林荫路（The Mall），是纳什为白金汉宫改建的一个大门。1855 年，白金汉宫东部兴建期间，大理石拱门被搬迁至此。由于靠近公园，又是牛津街的西段，这里成为游人出没的地方。政府为此花巨资进行了改造，增加了花坛、草坪等

he Serpentine

海德公园肆意的小松鼠

改革树

设施。不过平心而论，这座拱门似乎并无任何耀眼之处，远远不及巴黎凯旋门的霸气，除了一丝精美。但是作为伦敦一个坐标景点，据说只有皇室成员的马车和皇家骑士炮兵团，才能在庆典的时候，通过这道拱门。

不过我倒是没有觉得拱门的高不可登，在我看来，今天的拱门似乎更多了一丝亲民。拱门背后的水泥空地上，一群行为艺术者装扮成电影人物或者圣诞老人的模样，与其他地方的行为艺术者不一样。他们边 cosplay，边行为艺术边高声招揽着游客。最右手是《星球大战》里的尤达大师（Master Yoda），身着红袍，正悬空在一根竹竿上。我正暗自琢磨，钦佩其功力有些像中国武侠小说里的轻功，却见大师猛地伸出了神奇的右手，下一秒，我已经站在他右下首，大师的绿色脸庞近在咫尺。“Yoda”兴致勃勃，示意我可以拍合影了。为表示对艺术的尊重，我将兜里的所有钢镚儿都掏出来扔进了大师面前的盆子里，赢得大师的连声感谢。

大理石拱门正对的就是著名的“演讲角”（Speaker's Corner）。作为英国民主的象征，从 19 世纪以来，每周日下午，都会有市民陆陆续续赶到这里发表演说。英语课上，Elaine 曾经介绍说，过去人们会站在装肥皂的木箱上演讲，而现在，演说者会自带金属扶梯，或者推着自行车，或者就地开讲。演说的主题各式各样，除了不允许批评王室和颠覆政府、对他人进行人身攻击的言论。这种“肥皂箱上的民主”据说源自于 19 世纪中期的一场劳工运动，该运动曾被马克思描述为英国革命的开始。

1866—1867 年间，海德公园成为人民宪章主义运动（Chartism）的抗议会场。改革联盟（Reform League）为了扩大劳工者的选举权而将此作为抗争的战场。历经对于民主诉求的暴动和社会运动之后，有人开始思考将海德公园赋予“自由演说”的权利。几经周折，最终将公园一角作为演说和议论的公共空间，即是今天的“演讲角”。

忽然想起刚刚路过的一块空地，是一个大型的类似于花坛的平面图案，全部由黑色和白色的鹅卵石砌成。以白色鹅卵石为底，黑色鹅卵石拼成一棵大树的模样。图案外圈刻有一段文字，大意是为了纪念 1866 年的改革联盟暴动，仿造当年卓立于此的“改革树”用鹅卵石镶嵌成一棵平面的树，原先残留的树桩被制成了警示板以作为政治上的示例。1977 年 11 月 7 日，时任英国首相的詹姆斯 · 卡拉汉（James Callaghan）修建了此纪念图案。斗转星移，不知道公园里的大树们是不是还会记起当年的峥嵘岁月？

早晨临出发前，房东送我到门口，半开玩笑半认真地说：你也可以在海德演讲的，讲讲你在雷丁的生活感受。我哈哈大笑。我来海德这天是周二，并没有见到传说中慷慨陈词的演讲者。演讲角四周几乎都是游人或是当地居民。只能拼命回忆英语课堂上老师的讲授，脑补周日时这里熙熙攘攘门庭若市的场景。据说，演讲者不分国界，不分性别，也不会在乎有没有听众，甚至于有孤身一人，简单地寻一块空地，自辩自答的；也有被围观，舌战群儒，需要快捷的思辨能力，能够忍受群众的反诘甚至喝倒彩。话说回来，除了马克思和列宁等人，其实如许多年来，活跃在演讲角的演说家们大多未进入主流。

沿公园小径继续西行，那里是肯辛顿公园，公园尽头是戴安娜王妃曾经居住的宅邸。临近傍晚，雨渐渐大了起来，道路两旁的路灯渐明，繁忙的车流，车灯远远地照射过来，晃了我的眼。突然就想驻足。

“盖将自其变者而观之，则天地曾不能以一瞬；自其不变者而观之，则物与我皆无尽也。”临别之际，再留一些念想吧。英伦三月，如果我早知道这三个月是如此的美好，那么在初来时我就不会那么惶恐。两天后，即将告别，那种离别的伤感愁绪裹杂着形影相随的甜蜜，隐隐约约，时有时无地挠着我的心。无数次梦里，皆是熟悉的城市熟悉的道路熟悉的人；梦里醒转，却是浓浓的不舍，千回百转间，唯愿记住那些曾经同行的身影。我期望能有一颗透明的心灵和一双明亮的眼睛，给我相信的勇气，让我一路走一路念，只为再次相见。就像女房东坚定地对我说：Judy，我相信你会再次回来，我们很快又会见面。

就这样吧。最后一站，海德。

我的雷丁

仿佛昨夜　才到雷丁
犹见来时的光影
那日的我们
有初来的羞涩与惶恐
有对未来的期待与希冀
三个月了　就在今天
我的雷丁
熟悉又陌生的校园
我将与你告别

秋天里的味道
混合着初冬新的气息
HumSS Building
还映在 记忆的瞬间
积木一般的乐高楼
掩映在葱茏绵延的绿意中
还有古老的 Old Whiteknights House
挥斥八级的 Foxhill
都在眼前

济济一堂的教室
幽默风趣的老师
草坪上　穿梭如织的孩子们
黄色的面孔
黑色的皮肤

金色的发丝
惶惑间 是在英伦还是遥远的东方

晨曦薄透的光
浸湿了白骑士河畔的校园
早起觅食的白鹅野鸭
在草地上撒欢蹦跳的小狗
含着露珠挂在枝头的野果
晨光逐渐生动
寻常的一天
就此 开始
携手我们的 group
背着久违的书包
走向光线敞亮的课堂
藏书丰富的图书馆
还有拥挤不堪的 eat at the square
永远人满为患的 study
挥汗如雨的 sports park
牵手漫步的 Whiteknights Lake

日落归家
返巢的鸟儿叽叽喳喳
盘旋在泛着玫瑰色光泽的枝丫
月上树梢
星空下 波纹粼粼的河流
还有每晚溜达的小狐
彼时的新鲜
换做今天的缱绻

这里的一切
不同于我的国度

学联楼前劲歌劲舞的姑娘
与我念着的 ABCD
温文尔雅的大国老师
精灵甜美的 Carrie
还有聪慧端庄的 Wei
伶俐热心的 Sherry
是我们坚实的学习后盾
仪态万方的 Elaine
会变换着丝巾配饰
永远软软糯糯的伦敦音
最是那一转身温柔一笑的优雅

从学联故事到招生程序
从教学保障到学术质量
从心理咨询到压力管理
从学生服务到朋辈指导
从个人导师到实习就业
从雷丁历史到名校考察
三个月的孜孜不倦
求知若渴
你们要我们仔细品味的管理事务经验
我们在这里都已领会

还记得桑宁 Lock 的下午茶
唇齿间还有它的清香回味
记得 Salisbury 的大教堂
还有 Winchester 的集市
记得巨石阵的疾风劲雨
吹落了一地的伞花
记得苏格兰高地的悲情山谷
绝壁间怒放的小花

记得无数个错身而过的城市
留下满眼留恋梦里邂逅
记得牛津的城堡剑河的桥
还有布莱顿海边的情与色
都是一段美丽故事
管它时空拉开我们的距离
只想牢牢铭记

慈父严母般的 Ian 和 Lorna
和蔼可亲的 Nancy 与 Ted
帅气的英国绅士
温柔的房东太太
可爱的邻家小孩
host families
给了我们无微不至的关怀
名扬天下的鱼薯
丰盛的饺子宴
喷香的 BBQ
火辣辣的香锅
还有又爱又恨的乡音阁
是我难忘的美食记忆
TK，BISTER，BURBERRY
擦肩而过的黑色星期五
Henley 小道的穿行
Brighton 海边的跳跃
我们的生活
Shopping，eating and photographing
时时闪耀着绚丽的色彩

雷丁
还未离开 就已怀念

不管岁月如何变迁

你是永远定格在我记忆中的 2015

是我记忆中永远思念的精神家园

永不忘却 永恒眷恋的

我们的家 CUAC2015 of Reading

（感谢王勇老师为此文提出的中肯的建议，感谢龙组成员的倾情相守，
让我得以恣意享受雷丁的幸福生活。真的真好！）

《并不突然》脚本素材

Really（真的吗？），选用素材：17，5，学校照片

Excitedly（兴奋地），选用素材：1，2，3，4，13，11，12，7

Actually（确实地），选用素材：6，9，10，14

Deeply（深深地），选用素材：1，15，16，5，10（学校景色），8

1. 地雷组合影：包括到各个景点的合影、海边或其他地方的跳

2. 购物：比斯特买买买，TK 购物情景（包括郡主购物后的喜悦）

3. 组内成员过生日：包括小强的红酒、郡主的中秋、牛排

4. 聚餐：龙队家草坪，乡音阁，剑桥（吃在剑桥）

5. 与各位房东相处：Nancy 家的 BBQ、其他与房东的照片

6. 学习：（1）图书馆讨论、借书、写论文

（2）上课提问、与老师交流

7. 食物：我们的美食图片

8. 班级集体合影

9. 文化体验：跳舞、博物馆

10. 美景：去苏格兰、桑宁、伦敦夜景，学校照片等

11. 迎习：风雨中的情景等

12. 电影系列（人生如戏）：龙队系列、郡主系列

13. 塔桥留影

14. GROUP TICKET（火车票与公交车票）

15. 诗文雷丁

16. 研修文稿（加以装饰，同时在图片旁提取文稿中典型的文句，来说明我们对学生工作的梦想）

17. 来雷丁之前

READING

Really:

（灯光暗，背景音乐起）（龙队）

幕后音（强配音重庆话）：何定龙，快递！

(龙队上场，动作，道具——打开信封见留基委通知，搞笑)

R（PPT）

数字：40，省份，男女人数，接到通知到出发的天数，年龄分布，培训次数，北京至伦敦的公里数……

旁白（强）（表演）：这一次，我是真的要灰了

旁白（强）（PPT）：

1. 经过 30 天的期待与准备，我们来到这里，我们有初来的羞涩与惶恐，有对未来的期待与希冀

2. 这里的一切不同于我的国度，一切是那么新鲜与友好

3. 陌生的校园，秋天里的味道，混合着初冬的气息

Excitedly:

（屏幕暗，背景音乐起）（敏、军、姚）

(演员上场，动作：敏 – 合影控，军 – 购物狂，姚 – 好厨子)

E（PPT）

数字：迎习 小时数，生日数，聚餐数，影像数

旁白（朱）（表演）：购物（军）——买买买，刷刷刷，cash and card，我们在 TK 流连，我们踏遍 TOWN 里，伦敦比斯特也曾无数次飘过我们的身影。

美食（姚）——尝尝尝，品品品，full English breakfast，Sunday roast，还有 fish & chips，我们尝遍英伦的经典，也不忘家乡的味道。

合影（敏）——咔咔咔，嚓嚓嚓，dragon team，tower bridge，摇曳的身姿，妩媚的笑脸，我们是自己的导演，我们为龙组代言。

READING

旁白（朱）（PPT）：

鱼薯、饺子、BBQ、香锅，
又爱又恨的乡音阁，
TK、BISTER、BURBERRY，
擦肩而过的黑色星期五，
Henley 小道的穿行，
Brighton 海边的跳跃，
我们的生活，
Shopping、eating and photographing，
时时闪耀着绚丽的色彩。

Actually：

（屏幕暗，背景音乐起）（超、强）
（演员上场，动作：学习 – 龙、强，体验 – 超）
A（PPT）
数字：课时数，参观的城市、学校、博物馆的数量，教师人数
旁白（军）（表演）：
龙、强、超：
背起久违的书包，
坐进光线敞亮的课堂，
如果不在图书馆，就在去图书馆的路上，
We are studying!

巨石阵的疾风劲雨，
吹落了一地的伞花，
Oxbridge 古老历史的冲击，

博物馆、舞蹈传统文化的秉承，
温暖恬静桑宁下午茶的回味，
还有粗犷清冷的苏格兰威士忌，
Remember forever!

毕业晚会排练

毕业晚会演出现场

READING

旁白（军）（PPT）:

大国、Carrie、Elaine、Professor tang、Wei、Sherry、our host families……
你们是我们学习、生活的坚实后盾，骊歌渐起，只想说:
We love you!

Deeply:

（屏幕暗，背景音乐起）（全体）
D（PPT）
文稿（取代数字）:《我的雷丁》文稿，以歌词上升的方式进行文字演示。
朗诵（朱、王）:
（朱）三个月了，就在今天
（王）我的雷丁
（朱）熟悉又陌生的校园
（王）我将与你告别

（朱）HumSS Building，URS
还有古老的 Old Whiteknights Houses，Foxhill
藏书丰富的图书馆
拥挤不堪的 eat at the square
人满为患的 study
挥汗如雨的 sports park
牵手漫步的 Whiteknights Lake

（王）记得牛津的城堡剑河的桥
还有布莱顿海边的情与色
都是一段美丽故事

管它时空拉开我们的距离
只想牢牢铭记

（合）彼时的新鲜
换做今天的缱绻
雷丁，不管岁月如何变迁
它是永远定格在我记忆中的 2015
是我无法忘却的异国家园

毕业晚会结束后龙组合影

READING

图片：组内合影、与房东合影、与老师合影、各地方景色等，PPT，
以设计（超、姚）的方式飞出、流动。

ING：

（屏幕不暗，与 D 无缝连接，无背景音乐）（全体）

D（PPT）

图片：小组 8 人，先飞出，一个一个接续飞出；之后，
全班 40 人照片星光式飞出，最后组成 READING。

旁白：

（王）三个月的孜孜不倦

（朱）求知若渴

（姚）你们要我们仔细品味的管理事务经验

（超）我们在这里都已领会

（龙）雷丁

（敏）我记忆中永远思念的精神家园

（强）永不忘却 永恒眷恋的

（军）我们的家 CUAC2015 of Reading

8 人集体：

We Love CUAC! We Love Reading!

潜心希默识，笃力重躬行

——雷丁之行对学生发展的几点思考

尊敬的教育部领导、各位同仁：

大家下午好！

很荣幸能够作为研修班学员代表发言。我发言的题目是《潜心希默识，笃力重躬行》，这是清代学者施璜题于安徽还古书院干城祠的对联，意思是专心致志地希望把知识默默记在心里，全心全力地注重亲身实践自己的理念。三个月的雷丁之行，对我而言，获益匪浅，它不仅仅让我能够近距离地了解英国高校学生事务管理的理念、政策、操作与趋势，更重要的，我有了充足的时间能够沉下心来结合中国高校的特点与实际进行思考、借鉴。

简单地说，我认为，学生发展的整个过程涵盖了价值观引领、学业发展、心理健康、职业发展等各个方面。由于其他同学的发言将会对相关模块进行详细解读，这里，我仅谈谈我对职业发展的思考。

英国大学生市场化就业的历史非常悠久，其就业服务体系的发展已经进入到比较成熟的阶段。近年来，随着社会环境的变化，企业家精神被众多年轻人所推崇，加之经济竞争日益激烈，为提高学生就业竞争力，英国大学逐步转变办学理念，把服务社会作为学校的重要职能，对就业服务日益重视。在政府、高校、企业、社会资源的相互协调下，形成了较为完善的就业服务体系。我个人认为，其核心要义主要在以下四个方面：

关于视野

无论是牛津、剑桥，还是雷丁，大学都开始用全球化的概念取代国际化，学校已经不仅仅局限于本土校区，而是逐步开始向国际校区推进。与此同时，学校为毕业生提供海外实习机会，学生在校期间即可申请海外岗位进行短期或长期的实习。这种方式最直观的效果就是学生能够较早地接触各类企业，了解各国各地区企业的实际运行情况，使他们在今后的实际就业中缩短与社会的磨合期，能够从国际比较的视角审视自己的不足，从而在日后的学习中有目的地进行补充。

关于理念

英国政府在就业服务中始终秉承“一切以学生为本”的理念，以提高学生自我发展和就业能力为目标，始终追求学生的满意度。不仅仅是单纯地为学生提供就业信息，而是着眼于学生的职业发展，为学生提供最全面、最前沿、最具个性化的优质服务。这一理念具体体现在服务对象全体化、服务内容系统化、服务方式个性化，以及服务过程全程化等方面。其职业生涯规划和就业指导从大学生一入学就开始，注重对学生学习能力尤其是职业能力提升的培养，强调对学生个体独立性的尊重，对学生个体需要的重视，强调学生的自由全面的发展。

关于平台

英国高校职业生涯规划以人为本的理念、以发展职业管理技能为中心的课程框架、突出个性需求的就业指导、网络化和信息化的就业服务、灵活自主的创业教育、以红色奖励计划和本科生科研体验为主体的职业体验以及社会化的评估体系构成高校就业指导的完整体系。几乎每所高校都拥有一支高素质的、专业化的就业创业指导队伍，主要由职业顾问和信息职员构成。职业顾问往往具有心理学、教育学学科背景，并具有在大型企业和相关部门从事人力资源管理工作的经历，信息职员则具有一定的图书馆工作经历或学科背景。其课程设置分为无学分课程和有学分课程。无学分课程根据学生的期望和调研结果进行安排，主要以讲座、座谈、小组讨论为主；有学分的创业课程，分为面向 MBA 和理工科学生两类，大约有十几门课程，不同专业的课程内容与上课时间均不同，最终以完成一份商业计划书为考核标准。所有课程的内容安排均紧密结合企业实际，与市场需求高度契合。

关于资源

成功企业家和优秀校友经常会被邀请到学校，以自身的成功经验激励大学生创业，交流创业以及职场经验。同时，他们还会积极地赞助一些有意义的商业策划大赛、设立奖学金等。成功的企业还经常为学校的老师提供在岗培训，参与大学课程的设置，将学生安排到企业进行参观学习等。

牛津大学塞德商学院邀请企业家担任客座讲师、荣誉教授，与教师和学生共同分享创业经验。课堂上，企业家和学生一起讨论案例，谈论经验和教训，以此增加教师和学生的实战性，从实际出发给予学生更多的实质性的指导和帮助。课堂上的案例分析，一般会邀请案例中的主人公亲临现场进行面对面的讲述与交流，以现身说法的形式让学生了解创业的艰辛及其需要面对的挑战，及早做好各种准备。

可以说，在英国高校的学生就业服务中，形成了以学生为核心，政府、高校、社会资源、企业之间密切联系的四位一体的较为完善的就业服务体系。

无论是在课堂上的现场提问还是课后的交流，我感触最深的就是，每一位从事就业指导的老师，都会对整个职业生涯规划阶段了如指掌，每一位学生都会对学校的整个就业服务体系乐在其中，就像布莱顿大学就业指导中心的老师所说：即使只有一名学生来咨询，我们也要做到尽他的一切方便提供服务。

水尝无华，相荡乃成涟漪；石本无光，相击乃成灵光。三个月的雷丁研修，让我在和英国的同仁请教、交流的过程中，能够对自己的工作进一步思考。

其实，无论是视野、理念，还是平台、资源，近年来，我们也已经或者正在试图进行一些改进，期望能给学生提供更好的职业发展引导。以我本人为例，2015 年是我的职业生涯规划“同声工作室”运行的第一年，我们也已经和相关的企业合作，开辟了海外实习市场；我们也一直开展就业引导工程，对全体本科生进行全覆盖的职业生涯规划课程，构建覆盖学生生涯认知期、职业规划期、实践体验期、实战培训期等各个阶段的讲座体系，推行基于 CSSO（构思—策划—模拟—运作）的全程创业教育新模式；我们也注重挖掘校友资源，目前我们的本科生职业导师计划、校友论坛，也进行得如火如荼；在雷丁的三个月，我通过邮件、微信等方式，和学院的辅导员们一起完成了对近 20 名校友创业故事的访谈，形成文字约 10 万字，目前正在统稿中。我们也希望通过这样的方式，整合更多的社会资源，给所有的在校生更贴切的引导。

三个月的学习，宁静的雷丁校园，让我对自己所从事的职业、所扮演的角色、所为之奋斗的事业重新进行了思考与定位。

尤记得冯司长曾经在讲话中提出：“提高思想政治工作质量，需要从世界眼光、中国情怀和时代特征三个维度去深化理论与实践的结合”。今天，在这里，我想，经过了三个月历练的我们，应该可以很自豪地说：感谢思政司给予我们的机会，让我们拥有了极其珍贵的经验，世界的眼光我们已经开启，中国的情怀我们始终拥有，站在当下的时代背景下，我们有理由相信，今天在坐的 80 位同仁，包括我们 80 人所代表的学校，乃至全国全体思政队伍的每一位成员，都会潜心默识，笃力躬行，时常保持一种思考，“用世界眼光去研究把握当前思想政治教育工作的新形势、新任务、新特点、新规律”，创造有效融合我们高等教育特点与要求的本土化的工作机制、模式。我们应当不仅仅思考过去，还要抬头仰望星空与脚踏实地，对当下进行思考，更要思考将来；我们的思考，应该总是处在入世与旁观的张力之中，是社会边界的穿越者，是学生发展的推动者，是精神财富的创造者。

参观马克思墓地

后记

英国访学研修三个月（准确说是 84 天），经历虽然有限，却仍意犹未尽。所以不仅在英国期间即席记录了一些感受，回国之后更有所补充和完善——诚如前言里讲到的，写下这些文字的初衷与机缘是源于区别体验和感念至深。

所以，本着自己所愿，也有同学、同事以及朋友们的一再鼓励甚至催促，将这些文字集结成册，不仅仅是为了让记忆的光影得以冲印留存，更是为了时时提示自己臻于至善、做得更好。英国发达的高等教育和学生事务管理，以及文化涵养教育，有很多值得借鉴的经验，文集呈现的未必深刻，也一定不够全面，然倘能俾使读者“窥一斑”而“见全豹”，就算是达到了我的目的。

回想 2015 年的此时，正是刚刚接到研修通知，尚在琢磨下半年抵英后的安排，如今，却已从英伦返国整整四个月。的确，时间如梭，却还是会情不自禁地回想起在雷丁的点点滴滴。不是矫情，在刚回来的头一个月，看到、听到关于雷丁的消息，还是会不由自主地牵挂，会一下子击中心底里最柔软的部分。缘于英国纬度更加靠北，回国之后，大妈妈和一一总是调侃我更加抗冻。友情们、甚至路遇“华理二代”，都会心疼我“瘦得那么单薄”，可我却“自带鸡血”般（龙组成员在雷丁时予以我的评价）投入回国后的工作——感觉会有很多想法、激情汩汩喷涌而出，但我知道，必须沉下心，不着急，慢慢来。

每每眉飞色舞地给大家讲述英伦轶事，讲述三个月里与兄弟院校同仁们的交流，看着大家静心凝神聆听的模样，心里是一种别样的感动与自豪。不由想起在雷丁的最后一周：突然就觉得似乎还有很多事情没有做，还有很多书没有读，校园还没有逛够，汤（town）里还没有遛完……我特意起早，独自一人沿着初来时的路线，在相同的地方留下初冬雷丁的影迹；我从住家步行到伦敦路校区，坐在钟楼下，看天上的云卷云舒，有浓浓的不舍；最后一个下午，汤里大雨，我站在街角，回想这三个月的点点滴滴，想着那些曾经走过的未走过的路；华灯初上，回首凝望，好想记下每片足迹与欢颜；最后一夜，和房东聊天、告别、再聊、再告别，反反复复，促膝相看，无语凝噎，体味着临别前伤感里的甜蜜，如缕如丝，时断时续；归来后，无数次梦回雷丁，那段温情岁月，有如我生命的一泓清泉，甘洌久在。

有些遗憾。比如还有些文字，我曾想写英国的宫殿、英国的教堂、英国的桥梁，也想写苏格兰高地的悲情壮阔，写索尔兹伯里平原上神奇的巨石阵，写英国庭院的温馨，写英国先生的绅士风度；还有英国的教育，他们的职业规划在中学之前已经灌输给每个学生；英国的毕业生就业综合招聘市场其实和国内相差无几；雷丁大学亨利(Henley)商学院的ICMA中心以及专业学位管理、校友管理；还有亨利校区和亨利小镇……林林总总，都随手记下了一些片段的感想。因为时间的关系，或者因为这样那样的原因，一旦搁笔，再难竟成。也许，某年某月某天，记忆的闸门再次打开，或者，我会继续。那又是一种怎样的怀念！

其实，无论是当初的起笔，还是今天的落笔，这只是一个时间的段落。对于我而言，尤其是对于工作的思考与实践，一直没有停止过。回国以来，在文集的整理上并未倾注太多的时间，更多的精力是注入学生教育管理服务等学生事务工作的全链条思考、设计和实践里面去了。如何有一个更为系统化、科学化的设计，使得学生事务中的教育变得润物无声，使得管理变成制度自觉，使得服务变为互动良媒？毋庸置疑，我们都在思考，都在实践，也都在不停歇地创新着教育管理的理念、模式与内容，而有了雷丁的比较也就有了参考坐标，这也是我的另外一个目的吧。

如果读者看过之后，会产生更多的联想，激起您对于学生事务管理的热忱与关注，也算是对我的褒奖与鼓励！潜心希默识，笃力重躬行。我会更加努力，与我的同事、团队，致力于学生知识、能力、人格的发展，成为彼此的骄傲。

雷丁，是一片光影，是一段岁月，更是一生的记忆！

衷心感谢为了这本文集的出版付出智慧与辛劳的所有人！

朱　姝

2016年4月

补记

为将本书印制成册，持续不断地审稿、补充、调整文字和图片，不知不觉中，上海已经进入炎夏。今年的魔都，暑气逼人，安静地坐在书房，翻开二审样稿，一字一句逐一看过，似乎又回到一年前。就像昨日在机场，我和阿敏说的：缘分，真的是个很奇妙的东西。想想去年此时，互不相识；而现在，每天习惯的就是刷一刷“快乐 13”。

就是单纯地想感谢。

感谢大国老师、Carrie 老师，为我们精心设计课程；感谢王勇老师、李超老师、姚道老师拍摄的精美照片，因为你们的照片，使我的文字生动起来；感谢张敏老师，在雷丁的每一天，都有你的陪伴，笑过哭过，留在心底的是永恒的温暖；感谢何定龙老师、胡小强老师，我忘不了感冒发烧写稿到深夜，是你们亲手蒸的米饭、做的卤菜、烧的热水，不辞辛苦步行万步送餐上门；感谢祝伟华老师的神功速记，让我们得以最完整地保留研修一手资料；感谢田静波老师，自己步行一个多小时走回 Woodley，却把交通卡借给我坐车；感谢杨晓英老师、杨亚萍老师、潘显钟老师，每次为班级活动都忙前忙后……其实，三个月的每一分每一秒，都深深镌刻在我脑海。每个人的好，我也一一记在心上。

感谢马智福医生、吕惟微老师、郃庆文老师，为了选择一张满意的扉页照片，你们放弃休息，为我选景拍摄。

感谢岳海洋老师、刘军老师，一直为这本随笔集的出版忙碌奔波。

感谢爸爸，没有您，没有我的今天。一切尽在不言中。

只是我拙劣的文字，无法完全诉说我内心对所有人的感激与感动，依然记得在去苏格兰的车上，王勇老师曾经用我们快克 13 班 40 位同学的名字即兴做了一首诗，征得王老师同意，引用如下：

皎然丽军峰，铭帅跃瑶琼。

英超生明星，国军博英勇。

菊洁姝敏贞，逍勇发波萍。

森峰钟瑛杰，东华升强龙。

今年春天的时候，有快克同学来沪参加会议，得以小聚，我曾作打油诗一首:

春日迟迟，芳草萋萋。落英如雨，春鸟喈喈。

穆穆清风，吹我衣裙。嫩蕊细细，绿柳未匀。

沪里三月，春意渐浓。旧年一别，今日重逢。

秦京宁沪，独缺一梦。齐聚外婆，笑语欢声。

折枝聊寄，快克同仁。长祐同窗，放歌前程。

长祐同窗。

我爱你们!

我爱 CUAC13！

朱　姝

2016 年 8 月

毕业集体照

Reading in Reading